나도 존중받고 싶다

나도 존중받고 싶다

지은이 | 김홍근, 서명희
초판 발행 | 2019년 1월 23일
2쇄 | 2019년 3월 25일
등록번호 | 제1988-000080호
등록된 곳 | 서울특별시 용산구 서빙고로65길 38 두란노빌딩
발행처 | 사단법인 두란노서원
영업부 | 2078-3352   FAX 080-749-3705
출판부 | 2078-3331

책 값은 뒤표지에 있습니다.
ISBN 978-89-531-3391-4   03230

편집부에서 독자의 의견을 기다립니다.
tpress@duranno.com   http://www.Duranno.com

나도 존중받고 싶다

나를 알아주는
거룩한 입맛춤

김흥근 · 서명희 지음

두란노

목차

2부

3부

감동과 눈물과
전율이 담긴 스토리

누군가의 얼굴을 떠올리고 이름을 부를 때 몸에 큰 전율을 느끼게 하는 사람이 있다. 바로 김홍근·서명희 선교사님이다. 나는 이 선교사 부부를 23년 전부터 알고 있다. 하나님이 참 기뻐하시는 부부이고 가족이다. 이런 부부가 오늘날 또 존재할까? 그들의 선교 보고를 읽고 눈물을 흘릴 때가 많았다. 그들의 이야기가 책으로 나오기를 간절히 기다렸다.

이 책에서는 거룩한 사랑의 선교가 느껴진다. 하나님이 주신 고귀한 생명은 누구에게나 소중한 것이다. 어머니의 죽음에 대한 충격으로 정신착란 증세를 일으켜 노숙자가 되어버린 아틸라가 눈을 감기 전 마지막으로 남겼다는 말을 나도 이 선교사 부부에게 해주고 싶다.

"고마워!"

아틸라의 죽음 다음의 이야기는 무엇일까? 하나님은 두 선교사님을 통해 생명의 존엄이 얼마나 소중한 가치인지 계속 깨닫게 하신다. 나에게도 그런 죽음의 고비를 넘긴 사건이 있다. 그래서 책장을 넘길 때마다 더욱 감사하게 된다. 감동과 울림이 있는 다음 이야기가 간절히 기다려진다.

이 책에 등장하는 노숙자들은 어느 누구의 관심도 끌지 못했으나 두 선교사를 통해 생생하게 드러난다. 숨김과 가식이 없는 모습이 너무도 리얼하다. 미국 데이비드 윌킨슨(David Wilkinson, 남아프리카공화국에서 에이즈 사역자로 헌신하는 선교사)의 이야기를 읽는 듯하다. 대부분의 선교사들은 유색 인종을 위한 선교를 한다. 그러나 김흥근·서명희 선교사님은 거리에서 방황하는 헝가리 백인(또는 혼혈인)과 집시들을 헌신적으로 끌어안고 그들에게 복음을 전한다.

이 책은 현지 선교사뿐 아니라 모든 하나님의 자녀들이 읽어야 할 감동과 눈물과 전율이 담겨 있다. 그리고 하나님의 엄청난 역사를 생생하게 증거하고 있다. 모두에게 이 책을 기꺼이 추천한다.

_김춘근(정치학 박사, JAMA 설립자 겸 이사장, GLDI 세계지도자개발학교 설립자)

질주하는 라이프 스타일에
쉼을 가져온 감동

최근 한 통의 전화를 받았다. 싱가포르에서 일하는 나의 오랜 동료가 은퇴 소식을 전해온 것이다. 그는 내가 지난 26년간 종사해온 주식시장에서 나의 가장 큰 클라이언트였다. 언제나 성심성의껏 나를 도와주었고, 일을 떠나서 깊은 우정을 나눠오던 친구였다.

더군다나 나와 동갑인 그가 은퇴를 한다니, 열심히 질주해온 우리 세대가 현업 무대에서 내려올 때가 되었다는 신호 같아 마음이 착잡했다. 그런데 느닷없이 그가 내게 말했다.

"나, 선교사로 콜링을 받았어!"

그가 그리스도인인 줄은 알았지만 은퇴 후 선교사로 헌신한다는 고백에 충격과 감동에 휩싸였다. 그런 와중에 또 한 통의 전화가 왔다. 헝가리에 계시는 김홍근·서명희 선교사님이었다.

"이번에 출간되는 책에 추천서를 써줄 수 있나요?"

내가 선교사님 내외분을 알게 된 것은 나의 아내를 통해서였다. 캐나다 이민자인 나는 대학시절 서울의 한 대학에서 국제어학당을 다니며 잠시 한국에 머물고 있었고, 그때 소개팅을 통해 지금의 아내를 만났다. 하루는 아내가 자기에게 깊은 영향을 준 중학교 때 국어 선생님이라며 한 분을 소개해주었는데, 그분이 바로 헝가리의 서명희 선교사님이었다.

그후 선교사님 내외분은 우리에게 결혼 세미나를 해주셨고, 우리 부부는 일심동체가 되어 지금까지 부족하나마 선교 후원자 역할을 해오고 있다. 그리고 두 분이 예배당 및 선교센터를 위한 땅을 구입하도록, 우리 부부가 하나님 나라를 위해 종잣돈(Seed Money)을 헌금하기도 했다.

이 책은 성경의 메시지가 생생하게 녹아 있다. 그래서 무엇보다 내가 먼저 위로를 받고, 인간의 존엄성을 느끼며, 다른 사람을 향한 시선도 바꿔준다. 그래서 이 책을 읽으면 마치 한국의 숨가쁜 삶의 현장에서 벗어나 날마다 하나님의 역사가 펼쳐지고 있는 헝가리의 은혜로운 현장으로 날아간 듯, 숨을 고르고 쉼을 누리게 된다.

'선교'라는 이슈로 나의 일상에 신선한 쉼과 새 에너지를 준 두 통의 전화와 그 타이밍도 하나님의 섭리 가운데 이루어졌음을 믿는다. 나는 이번 싱가포르 출장에서 만날 나의 최고 클라이언트에게도 이 책의 이야기를 들려주고 싶다. 그와 나눌 대화가 벌써부터 나를 설레게 한다.

_더글라스 안 (전 UBS 한국주식총괄, 현 매쿼리 증권 주식부 본부장)

나도 그들을 알아주는
거룩한 입맞춤을 할 기회

우리 집에서 있었던 한 모임에서 강순영 목사님이 헝가리 김홍근·서명희 선교사 부부를 데려와 소개해주었다. 그때 대부분 LA 주변에 살고 있던 우리 가정사역팀은 대학생선교회(CCC) 회관에서 자주 '결혼 세미나'와 '부부 세미나'를 개최했었다. 이들 선교사 부부는 그 회관에서 1년간 두 아들과 함께 살면서 가정사역팀의 스태프로 섬겼다. 그러는 사이 우리에겐 그들이 자연스레 가족처럼 여겨졌다. 그렇게 처음 만난 때가 1994년이었다.

그 후 김춘근 박사님이 JAMA(Jesus Awakening Movement for All nations)라는 선교단체를 설립하셨을 때, 우리 가정사역팀이 JAMA의 사역에 동역했는데, 그때 김 선교사는 기도를 맡아 보이지 않는 곳에서 충성스러웠다. 그리고 이전에 서명희 선교사가 쓴《이국에서 주인처럼》이 출판되었을 때도 우리 사역팀이 함께 축하해주었다. 이들 선교사 가족은 5년 동안 미국에 머물면서 목표한 신학 공부와 사역, 선교사 재훈련을 마치고 다시 선교지로 돌아갔다.

그 후 우리 부부는 헝가리를 방문하여 그곳 한인교회 주최로

'가정 세미나'를 가질 기회가 있었다. 그때 이들 선교사 댁에 들러 두 아들과 대화를 나누기도 했는데 이젠 다 장성하여 각각 가정을 이루었을 뿐만 아니라 훌륭한 다음 세대 일꾼들이 되어 있었다.

이 책의 이야기는 거의 대부분이 가정에서 시작된다. 그런 의미에서 이들 선교사는 내가 하는 사역을 살아가고 있다. 그들의 삶은 때로는 내 강의 속의 예화가 될 만한 생생한 현장이다. 그래서 만약 내가 다시 아내와 함께 헝가리에 간다면 이들 내외와 함께 생명 되신 예수님을 전하며, 그곳 사람들의 상처를 싸매주고, 그들을 위로해주고 싶다.

이 책이 발제하는 이슈들은 김·서 선교사가 헝가리의 거리에서 가난하고 소외된 자들에게 복음을 전하며 섬긴 간절한 스토리들이다. 나도 그들을 알아주는 거룩한 입맞춤을 할 기회가 있기를 바라며 이 책을 기꺼이 추천한다.

_박수웅(마취과 의사, KOSTA 강사, 《우리 결혼했어요》 등 저자)

왜 하필 헝가리입니까?

우리가 선교사가 된 이유는 우리 부부가 만나기 2년 전, 한 장소에서 각각 선교사가 되기로 헌신했기 때문입니다. 1980년, 여의도 광장에서 '세계복음화대성회'가 열렸을 때, 김준곤 목사님이 참석자들에게 선교에 대한 비전과 도전을 주었고 10만 명의 선교 지원자가 일어났는데 거기에 우리도 있었던 것입니다. 우리는 2년 후, '나사렛형제들' 컨퍼런스에서 만나 서로를 알게 되었고, 또 그로부터 2년 후에 결혼했습니다.

하나님이 문을 열어주셔서 우리는 1991년에 헝가리 선교사로 파송 받아 이곳에 있습니다. 우리가 헝가리에 온 이유는 헝가리가 동유럽에서 제일 먼저 우리나라와 수교한 국가였기 때문입니다. 우리는 그 전부터 유럽과 공산권 선교에 대해 관심이 많았습니다. 김홍근 선교사가 학창시절에 언젠가는 독일로 유학을 가고 싶다고 생각했던 데다가 북한선교에 대해 갖고 있던 거룩한 부담감이 크게 작용했던 것 같습니다. 북한이 공산 국가이기 때문에, 유럽이면서 공산주의 체제였던 동유럽 국가들에 더욱 관심이 갔던 것입니다.

우리는 한국대학생선교회(CCC)에서 파송 받아 같은 선교단체인 헝가리 디모데위원회에서 대학생 사역을 했고, 나중에는 커뮤니티 선교(가정사역)를 했습니다. 그러다가 2003년 부활절 주일에 교회 개척을 시작했고, 2004년 여름에 다섯 명의 인턴 선교사들이 합류하면서 사역에 활기를 띠기 시작했습니다.

그해 겨울 폴란드의 아우슈비츠에 가서 금식기도회를 하면서 김흥근 선교사가 '하나님이 기뻐하시는 금식'(사 58:6-7)이라는 주제로 말씀을 전했는데, 그 기간 동안 오히려 자신이 은혜를 받아서 헝가리에 돌아오자마자 남부역에 나가 노숙자들을 먹이고, 입히고, 집으로 데려오기 시작했습니다. 그러면서 자연스레 거리의 교회 사역이 시작되었습니다.

　일주일에 5일은 부다페스트의 여러 역들을 돌면서 급식 사역을 했고, '광야에 외치는 자의 소리'로 복음을 전파했습니다. 그러는 동안 예수님이 왜 광야에서, 거리에서 사역을 하셨는지를 생생히 피부로 깨닫게 되었습니다. 여러 해프닝들을 겪으면서 하나님의 놀라운 은혜를 입었습니다.

　이 책에 소개된 30개의 에피소드는 모두 그런 선교 현장에서 일어난 일들이며 간증입니다. 받은 은혜가 다른 만큼, 1부와 3부에는 아내인 서명희 선교사의 이야기가, 2부에는 남편인 홍부 선교사의 이야기가 들어있습니다.

　부제인 '나를 알아주는 거룩한 입맞춤'은 노숙자 아틸라의 스토리에서 왔습니다. 그가 "고마워!"라는 말을 남길 때, 그 얼굴에서 예수님을 보았습니다. "지극히 작은 자에게 하는 것이 곧 내게 한 거야”라고 말씀해주시는 것 같았습니다.

너희가 거룩하게 입맞춤으로 서로 문안하라 롬 16:16

우리 부부도 여러분에게 거룩한 입맞춤으로 문안드립니다.
감사합니다!

헝가리에서
김흥근·서명희

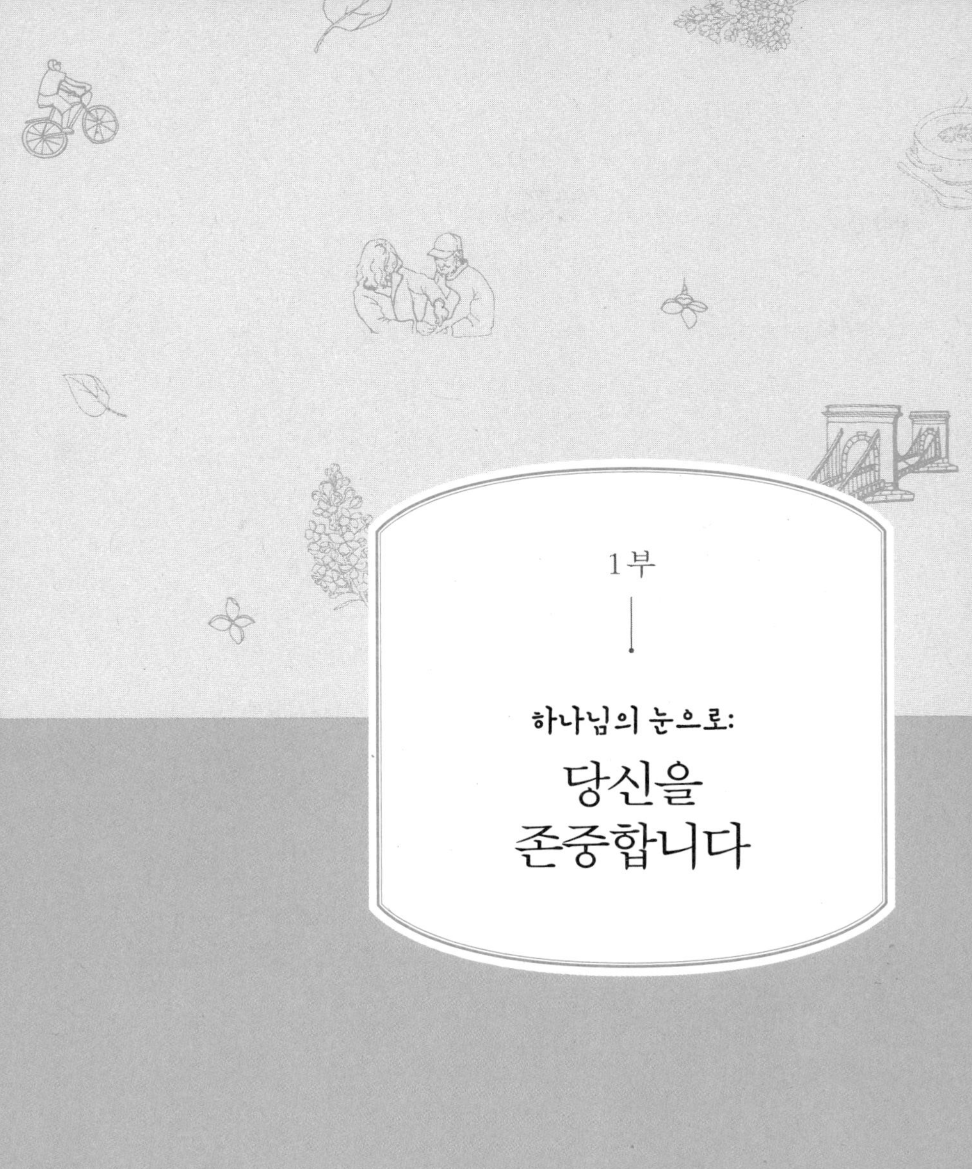

1부

하나님의 눈으로:
당신을
존중합니다

감사하여라,
내 인생의 흉년과 풍년이여!

나는 하나님을 경외함으로
이 흉년에 나의 검소함이,
다른 사람에게 위로가 되게 하소서!

상황은 흉년이지만, 눈물은 풍년입니다.

금요일 오후, 노숙자들을 섬기기 위해 남부역으로 나갔습니다. 우리를 열심히 도와주는 헝가리인 청년 로비와 우리 오병이어는 정성껏 준비한 샌드위치와 커피, 차를 대나무 바구니에 담고 또 노숙자들에게 나눠줄 옷가지와 양말, 신발을 들고 발걸음을 재촉했습니다. 오병이어는 1년간 공동체 생활을 하고 있는 다섯 명의 인턴 선교사와 우리 부부를 말합니다. 다섯 개의 떡은 최민아, 황민경, 백성혜, 류종순, 류경애 선교사이며, 두 마리 물고기는 물론 우리 부부입니다. 우리의 구호는 '우리 오병이어의 헌신으로 헝가리인 5천 명을 먹이고 12광주리를 남게 하자!'입니다.

남부역에 도착해보니 지난주에 있었던 몇 사람이 눈에 띄지 않았습니다. 어떤 사람들이 전해준 말에 따르면, 너무 더럽고 냄새가 심한 데다 머리에 이가 많아서 다른 노숙자 무리에 의해 역 밖으로 쫓겨났다고 합니다. 그들을 찾으러 역사 밖으로 나가갔더니 얼마나 추위가 매섭던지 이가 덜덜 떨렸습니다.

모퉁이 쪽에 쌓여 있는 물건의 거죽을 들춰보니 사람이 쓰레기처럼 버려져 있었습니다. 지미, 아틸라, 엘리 세 사람! 그들 중 한 줌밖에 안 되어 보이는 조그만 여인 엘리는 지난주에 우리에게 〈백만 송이 장미〉(헝가리어로 번역한 러시아 민요)를 어릿광대처럼 불러줬습니다. 지미는 상처 때문에 온 얼굴에 피와 진물이 진득하게 붙은 채 퉁퉁 부어 있었고 아틸라는 마치 쥐를 몰고 가는 피리 부는 거지처럼 덕지덕지 누더기를 걸치고 있었습니다.

역 안으로 들어가면 다른 노숙자들한테 매를 맞을까 봐 안 들어가려고 하는 그들을 내(서명희 선교사)가 거의 강제로 끌다시피 하여 역 안 계단 밑 노숙자 아지트로 데리고 오는데 말할 수 없는 비참함에 갑자기 눈물이 왈칵 쏟아졌습니다. 그 눈물이 바람에 날려 내 얼굴에 차갑게 와닿았습니다. 꼭 내가 당하는 것처럼 왜 그렇게 서러웠는지 모릅니다.

나는 남편을 불렀습니다. 여기저기서 사정을 하소연하는 노숙자들을 돌보느라 내가 역사 밖으로 나가는 것을 미처 못 봤던 흥부 선교사(김흥근 선교사의 별명)가 다가왔습니다. 내가 역 안으로 데려온 그 세 명을 목사가 꼭 껴안아주면서 뺨을 부비니까 노숙자 우두머리가 와서 쫓아낼 수밖에 없었던 사정을 말했습니다. 게을러서 씻지 않고 이를 키우는 사람은 밖으로 쫓아낼 수밖에 없다는 것입니다.

쫓겨났던 세 명에게도 샌드위치를 주고, 새 운동화를 줬더니 가슴에 품고 눈물을 흘렸습니다. 그 사회에도 질서가 있습니다. 우리는 우두머리를 설득하여 다음 주부터 거리의 교회에서 함께 예배를 드리기로 했습니다.

새 운동화는 지난 월요일 폴란드 바르샤바에서 15시간이나 눈길을 헤치고 달려온 김헌종 목사님 내외분이 가져오신 것입니다. 그분은 군사관련 외교를 담당하는 해외 무관 출신으로 은퇴 후 목사가 되신 분인데, 폴란드에서 한인교회를 담임하고 동유럽 한인선교사회의 회장을 지내셨습니다. 그 먼 곳에서 새 운동화와 중고 의류를 대여섯 부대에 꾹꾹 채워 차에 싣고 달려오셨던 것입니다. 그리고 28일간 금식기도 했다며 1천 달러(약 110만 원)를 선교헌금으로 주셨습니다. "짐 메고 가던 김흥근 선교사 내외 모습이 자꾸 떠올라서!"라고 하시면서….

다음날 아침 흥부 선교사는 캠퍼스 사역을 나가고, 나는 김헌종 목사님 내외분이 잠시 쉬는 틈을 타서 온통 염화칼슘과 진흙으로 범벅이 되어 있는 그분들의 차를 몰래 닦았습니다. 닦는 내내 하나님의 얼굴을 본 것같이 그 사랑에 자꾸 흐느껴졌습니다. 그분들을 위해서 내가 할 수 있는 일은 무엇일까? 막달라 마리아가 향유를 쏟고 머리카락으로 예수님의 발을 닦아드린 것처럼 발이라도 닦아드리고 싶었습니다.

요즘 나의 상황은 흉년 같습니다. 토요일 새벽기도회 때 홍부 선교사가 느헤미야 5장의 말씀을 나누었는데, 하필 3절에 있는 '흉년'이라는 말이 내 눈에 확 띄었습니다. '아, 어제 남부역의 그 노숙자 세 명을 우리 집에 데려와 씻기고 밥 먹이지 않으면 안 되겠구나' 하는 생각이 들었습니다.

기도회를 마치자마자 당장 집을 나섰습니다. 엔진에 열이 자꾸 올라가는 차를 살얼음 걷듯 끌고 남부역으로 가는데, 하필 그때 경찰에게 검문을 받게 됐지 뭡니까? 알고 보니, 우리 차의 의무 점검일과 내 운전면허증의 유효기간이 다 지났던 것입니다. 없는 형편에 벌금까지 얼청 물어야 하는 재정적 압박이 닥쳤습니다. 당장 사역을 하려면 기동력도 필요한데 어떻게 해야 하나 싶었습니다.

그런데 한편으론 풍년 같습니다. 나의 내면에 흐르는 눈물을 닦아주시고 달래주시고 토닥여주시는 하나님 아버지의 말씀과 그 증표와 증거 덕분입니다. 느헤미야 5장 3절의 '흉년'에 이어 15절에 이렇게 말씀합니다. "나는 하나님을 경외함으로…." 사실 느헤미야가 예루살렘 성벽 재건 공사를 진행할 때, 외부적으로는 '산발랏' 일당의 방해로 고통을 겪었습니다. 그때 그는 "한 손으로 일을 하며, 한 손에는 병기를 잡고"라고 외치며 공사 진행을 독려했습니다.

한편 그들에게는 내부적인 문제가 생겼습니다. 백성이 성벽 재건 일에 동원되다 보니 생계가 어려워진 것입니다. 가족을 먹여살리기 위해 땅을 저당 잡히고, 세금 때문에 높은 이자로 돈을 빌리다 보니, 백성의 원망이 높아졌습니다. 이에 느헤미야는 자기 자신을 비롯해 부유층과 지도층이 동족의 어려움을 함께 나누도록 개혁조치를 단행합니다. 요즘 우리 가정과 사회, 국가의 문제와 별반 다를 것이 없어 보입니다.

맞습니다! 우리의 형편은 비록 흉년이지만 '하나님을 경외하는 가운데' 더 검소하게 살며, 어려운 자들을 돌보겠습니다. 우리 부부는 계절별로 유니폼만 입기로 했습니다. 홍부 선교사는 넥타이를 하지 않고, 그저 목사를 상징하는 로만칼라 와이셔츠만 입겠다고 했습니다.

'선교사의 검소함이, 다른 사람에게 위로가 되게 하소서!'

우리 팀 오병이어는 각자 역할을 나누어 노숙자들을 데려와 씻기고, 상처에 약을 바른 후 붕대를 감아주고, 옷을 갈아입힌 후 음식을 나눠주었습니다. 그 순간 "아, 감사하여라! 내 인생의 흉년과 풍년이여!"라는 말이 절로 나왔습니다.

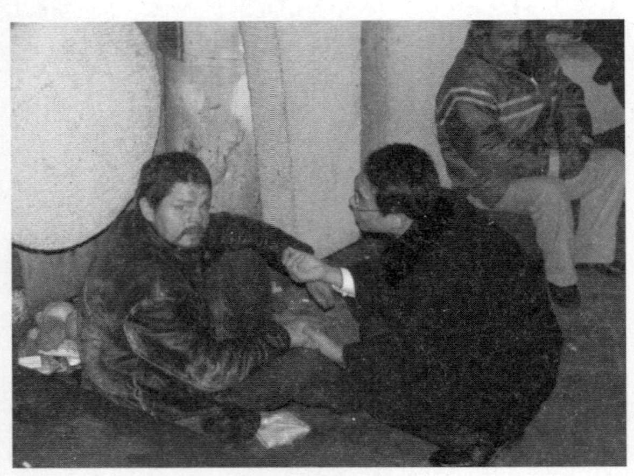

남부역에서 지미의 마음을 녹여주는 흥부 선교사.

주일은
전시체제입니다

전시체제에서 가장 중요한 것은
예배예요, 예배!
그것이 영적 전쟁을 승리로 이끄는 무기입니다.

주일이면 우리는 전시체제에 돌입합니다. 그러나 한바탕 전쟁을 치르고 성도들이 다 돌아가자 평강이 흐르고 있습니다. 라일락 향기도 가득합니다.

이번 5월 1일은 어머니 주일과 노동절이 겹쳤습니다. 우리 노숙자 성도들이 누구네 집 담장 너머, 아니면 어느 공원에서 꺾어왔는지 보라색 라일락 꽃송이들이 꽃병과 바구니에 한가득 담겨 있습니다.

주일에 무슨 전쟁이냐고요? 칼을 휘두르는 것은 예배 후 그들에게 먹일 음식을 요리하거나 빵을 썰기 위함이고, 공수부대 출동은 아침 일찍 역으로 가서 그들을 찾고 모아서 차에 태워 오기 위함입니다. 화약 냄새는 그들의 발 꼬랑내와 오줌 지린내를 합친 악취고, 상병 간수는 옷을 벗기고 씻겨 상처를 치료하고 깨끗한 옷으로 갈아입혀 예배실에 앉히는 일입니다.

베드로는 폴란드인인데 봄이 되어 공사장에 타일 붙이는 일을 하러 부다페스트에 왔다가 남부역에서 가방을 도둑맞았다고 합니다. 집에 갈 여비도 없어 돌아가지 못하고 노숙자 행색으로 방황하다 우리를 만났습니다. 주일날 교회에 오라고 했더니 뭐든 도우려고 휠체어를 탄 한크를 데리고 왔습니다.

한크는 하반신을 못 쓰는 장애인입니다. 그냥 예배 드리기엔 너무 더러운 그를 홍부 선교사가 얼른 샤워실로 데려가 욕조에 담가 몸을 씻겼습니다. 그사이 나는 그에게 갈아입힐 겉옷, 속옷, 양말까지 모두 남편 것으로 챙겨 살짝 넣어주다가 그만 샤워실 문틈으로 그의 등을 보고 말았습니다. 엄청 시커멨습니다. 나중에 남편에게 물어봤습니다.

"여보! 그 등에 시커먼 거 다 때였어요?"

"아니, 털이었어."

'휴! 다행이다.'

우리 부부는 베드로를 헝가리어 학교 동창생인 폴란드 사람 마리안에게 부탁했습니다. 그는 한국인 미아와 결혼해서 헝가리에 사는데, 종종 차를 타고 자기 부모님에게 가니까 그때 베드로를 집에 데려다주기로 했습니다.

전시체제 때는 군복도 세탁해야지요? 노숙자들의 옷엔 상처에서 묻은 피도 있지만 오물이 묻어 있을 때가 많습니다. 그래서 빨래 전에 꼭 오물 여부를 확인해야 합니다. 오물이 묻은 옷은 애벌빨래 후에 세탁기에 넣어 돌립니다. 그런데 빨래를 해도 이는 잘 죽지 않습니다. 그래서 이의 성충이나 알을 죽이려고 세탁한 옷을 비닐봉지에 담아 냉동실에 넣어 얼린 후 다시 말립니다. 그러고 보니 우리의 적은 바로 이입니다.

그런 와중에도 군인들의 덥수룩한 머리를 이발하는 일이 제일 신납니다. 이가 옮겨와도 좋습니다. 이발과 미용만큼 사람을 새 사람으로 만드는 것도 없습니다. 오늘도 세 사람이 새 사람이 됐습니다. 전쟁 중 전염병 방지를 위한 소독도 있지요? 샤워실과 예배당, 여기저기 담배꽁초가 버려진 마당까지 청소합니다.

예배를 드린 후에 배부르고 깨끗해져서 돌아가는 그들을 보면 마음이 뿌듯합니다. 그들이 돌아갈 때는 버스를 타고 가게 합니다. 걷는 운동도 필요하고 세상도 좀 보라고 그렇게 보냅니다. 버스 정류장에서 그들이 탄 버스가 멀어질 때까지 손을 흔들어준 뒤 집으로 돌아오는 길, 우리 부부의 마음속에는 감사가 넘칩니다.

집에 돌아와 함께 수고한 우리 다섯 인턴 선교사들과 나눔의 시간을 가졌습니다. 무용담을 나누듯이 누구는 어떻게 데려왔고, 그들 형편이 어떠했는지 서로 간증하는 시간입니다. 나는 아틸라에 대해 나누었습니다.

아침 일찍 남부역에 노숙자들을 데리러 갔을 때였습니다. 지미와 엘로는 안 보이고, 아틸라가 전화박스 아래에서 손을 벌리고 구걸하고 있었습니다. 그의 손바닥에는 1포린트(약 4원)와 2포린트짜리 동전만 그득했습니다. 나는 화가 나서 그의 손바닥에 있는 동전을 다 집어 던져버렸습니다.

"이게 뭐니? 아틸라! 이게 사람이 받을 돈이니? 받으려면 좀 사람답게 받아!"

그러고는 씩씩거리며 500포린트 지폐를 꺼내 그의 손에 쥐어줬습니다. 아틸라는 지폐를 보더니 그제야 줍던 동전을 버렸습니다. 이제 그를 일으켜 우리 밴이 있는 데까지 데려가야 하는데 내 힘으론 역부족이었습니다. 도와줄 사람을 찾아 데려오니 그사이 아틸라가 사라졌습니다.

"아틸라는 술 사러 갔어요."

'아차!' 하며 할 수 없이 돌아가는데, 마침 저쪽에서 지미랑 가고 있는 게 보였습니다. 그들을 데려와 밴에 태우려는데 기어코 트렁크에 앉는다며 고집을 부립니다. 이미 9인승 밴이 찼기도 했지만, 자신에게 이가 있다며 한사코 거부한 것입니다.

한 가지 좋은 변화라면, 절대 머리를 자르지 않겠다던 아틸라가 드디어 이발을 하기로 결심한 것입니다. 내가 짧게 이발을 해주니 사람들이 예배당의 거울을 가져와 그에게 보여주며 말합니다.

"야하! 남부역에 가면 모르는 사람이 왔네 하겠어. 아틸라! 새 사람이 됐어!"

그도 슬그머니 미소를 머금습니다.

"아틸라! 넌 다섯 살 어린애가 아냐. 서른여덟 살, 젊은 남자라구!"

내가 좀 충격요법을 쓰자, 홍부 선교사가 나를 나무랍니다.

"여보! 그러지 마. 끝까지 햇볕정책을 써야지! 찬바람은 불수록 옷을 더 여미게 하지만, 따뜻하면 누더기를 벗잖아."

주일에 우리는 그렇게 서로 사랑과 말씀을 나눈 뒤, 성도 한 명한 명 못 나온 사람들까지 호명하며 기도하고 예배를 마칩니다.

홍부 선교사가 우리에게 다시 한 번 강조합니다.

"주일에는 전시체제가 되지만, 우리에게 가장 중요한 것은 예배예요, 예배! 그것이 영적 전쟁을 승리로 이끄는 도구입니다."

"옛 설(Yes, Sir)! 충성!"

앞줄 오른쪽 휠체어 탄 한크, 흥부 선교사 옆에 아틸라와 엘러, 인턴 선교사들.
둘째 줄 왼쪽 야노시·안드레아 부부, 딸 허이니, 툰데는 얼굴을 숨겼네요.

나의 이름…
어린 양 생명책에 기록하셨을까?

우리 부부의 헝가리 이름은
팔(Pal, 바울)과 커티(Kati, 캐더린)입니다.
나의 이름, 어린 양 생명책엔 어떻게 기록될까요?

요즘 매일 한 번 이상 부르는 찬송가가 있습니다. 483장(통일 532장) 〈구름 같은 이 세상〉입니다.

흥부 선교사가 인턴 선교사들을 훈련시키는 시간에 말했습니다.

"후렴에 '주가 나의 이름 보좌 앞에 놓인 어린 양 생명책에 기록하옵소서' 했는데 난 내 이름도 김흥근이 아닌 새 이름으로 기록될 거라고 생각해요. 아브람을 아브라함, 사래를 사라, 야곱을 이스라엘, 사울을 바울이라고 불러주신 것처럼…. 내게 어떤 새 이름을 주실지 찬송할 때마다 설렙니다."

나는 씩 웃었습니다. 내가 남편에게 붙여준 별명이 '흥부!' 거꾸로는 '부흥!'이기 때문입니다. 하도 사람들이 남편의 이름 '흥' 자를, '홍' 자로 혼동하기에 그렇게 지었는데, 사실은 가난했지만 착한 흥부가 나중에 대박 난 것처럼 부요한 자, 부요케 하는 자가 되기를, 그리고 신앙으로 키우는 아이들도 많아지기를 바라는 마음이 더 컸습니다.

그 찬송이 끝난 후, 내가 찬송가 242장(통일 233장) 〈황무지가 장미꽃같이〉를 부르자고 신청했습니다.

"거기 악한 짐승 없으니 두려울 것 없겠네…."

찬송가를 다 부른 후, 홍부 선교사가 이렇게 물었습니다.

"거기 악한 짐승 없을까요? 사자가 소처럼 짚을 먹을 것이라 했으니, 모기나 이가 없을까요?"

인턴 선교사들은 고개를 갸우뚱합니다. "모기와 이는 분명 짐승이 아니고, 곤충인데" 하면서….

"있어도 착한 모기, 착한 이일 것입니다. 그렇죠?"

남편이 스스로 답합니다. 왜 그가 그런 말을 하는지 나는 잘 압니다. 그날 우리 부부가 깨끗이 세탁한 옷들을 가지고 노숙자들에게 옷을 갈아입히러 남부역에 갔더니, 관광철이라 그들이 경찰에게 쫓겨나 공원에 있었습니다. 그런데 그곳에 모기가 얼마나 많은지 엄청 물렸습니다. 우리 노숙자들은 모기를 쫓는다는 핑계로 5분마다 싸구려 담뱃가루를 종이에 말아 피웠습니다.

세탁을 해도 잘 죽지 않는 이를 이제 과감하게 손톱으로 죽일 수 있게 된 내가 옷가지들을 일일이 검사한 후 갖다주니까, 다들 "히야!" 감탄하며 좋아했습니다. 인턴 선교사들은 헝가리어를 배우러 언어학교에 다니느라 그 자리에 없었으니 그런 사정을 다는 모릅니다. 그래서 저 혼자만 속으로 웃음이 나왔던 것이지요.

다음에는 인턴 선교사들의 신청으로 찬송가 259장(통일 193장) 〈예수 십자가에 흘린 피로써〉를 불렀습니다.

"모든 죄에 더러워진 예복을 주 앞에 지금 다 벗어서… 보혈로 눈보다 더 희게 씻으라."

흥부 선교사가 말했습니다.

"오늘은 5년간 목욕을 안 했다는 예순한 살 된 할아버지의 옷을 갈아입혔어요. 얼마나 더럽고 시궁창 냄새가 나던지, 이 찬송가를 부르니 생각이 나네요. 우리도 그런 사람들 아니었겠어요? 죄로 더러워진!"

우리 자신과 우리가 섬기는 노숙자들을 생각하면서 4절을 한 번 더 불렀습니다. 그리고 오늘의 말씀인 디도서를 읽고 묵상한 뒤, 흥부 선교사가 말씀을 나누었습니다.

"보세요. 여기 세 가지 종이 나오지요? '하나님의 종'은 바울 자신을 지칭합니다. '술의 종'이 되지 말라. 우리 노숙자들 중 알코올 중독자들이 생각나죠? 그리고 '종들로는' 자기 상전들에게 범사에 순종하여 기쁘게 하고 거슬러 말하지 말며…."

그 후 우리는 함께 기도했습니다. 이번 '헝가리와 동유럽 단기선교'는 참 특별한 은혜가 있을 것 같습니다. 각국에 흩어진 코리언 디아스포라 50명을 모집하고, 특히 우리 교회 성도들인 노숙자와 집시들이 함께할 것입니다.

노숙자 성도들은 요즘 자신이 구걸하거나 광고지를 나눠주는 일을 해서 모은 돈으로 여권을 만들 생각에 흥분하고 있습니다. 아무리 교회가 비용을 지원한다고 해도, 아주 조그만 부분을 스스로 해낸다는 것만큼 대견스럽고 기쁜 일이 어디 있겠습니까?

단기선교의 처음 일주일은 부다페스트에서 도시 선교로 노숙자들에게 급식을 하며 노방전도를 할 것입니다. 또 다음 일주간은 폴란드(크라쿠프, 아우슈비츠)-체코(프라하)-오스트리아(빈)를 도는 일정인데, 하나님이 '남방 시내가 흐르듯이'(시 126:4) 우리를 복음으로 돌리실 것입니다.

노숙자 성도들 중 리더인 티비와 요지는 오늘도 우리 집에서 성경공부를 하고 돌아갔습니다. 내일부터는 우리 집의 뒷마당에 있는 작은 창고를 정리하여 함께 공동체 생활을 하기로 했습니다. 드디어 '유리하는 빈민을 집에 들이며'(사 58:6)라는 말씀을 조금이나마 실천하게 되었습니다.

그리고 이번 단기선교 기간에는 세례식도 있고, 커플 한 쌍의 결혼식도 있습니다. 무엇보다 기대되는 것은 5백 명 노숙자들이 모이는 집회입니다. 우리는 그 집회를 다뉴브강에 있는 오부다섬에서 가질 계획입니다.

"주여! 우리 오병이어의 헌신으로 헝가리인 5천 명을 먹이고, 12광주리 남게 하소서!"

만사에 구비하고 견고케 하셨으니 나의 모든 구원과 나의 모든 소원을 어찌 이루지 아니 하시랴 삼하 23:5

우리 부부의 헝가리 이름은 팔(Pal, 바울)과 커티(Kati, 캐더린)입니다. 나의 이름, 어린 양 생명책엔 어떻게 기록될까요?

때론 나도 어릴 적 그대로
아이이고 싶다

나를 무릎에 눕혀 내 긴 머리카락을
손가락으로 빗어주던 어머니의 품,
내 허벅지에 난 종기를 째고 치료한 후
나를 업고 집에 오셨던 아버지의 등에서…

전화를 끊고 소파에 앉자마자 울음이 솟구쳤습니다. 서럽고, 억울하고, 너무 고맙고, 감사해서….

그때 남편이 그냥 내 앞을 지나쳐 갔습니다. 그는 무슨 일에 골몰하면 다른 건 잘 못 보는 사람입니다(사실은 그의 시야가 좁아져서 내가 안 보였던 것임을 몇 년 후에 알게 됐지만). 다시 거실을 지나다가 숨죽이고 서럽게 울고 있는 나를 발견했나 봅니다.

'이럴 때 엄마 품에 안기고 싶은데, 난 이렇게 멀리 있고, 아버지의 훈계를 듣고 싶은데, 아버지는 돌아가셨으니…. 아버지 돌아가셨을 때 가보지도 못한 딸. 아직도 내 맘에 여전히 계시는 아버지! 하나님처럼 날 절대적으로 사랑해주셨는데….'

전화를 받고 부모님을 그리워하며 울고 있는 아이 같은 나에게 남편이 가까이 다가와 "좀 예쁘게 울어라"라고 한마디 합니다. 그러더니 "꼭 하회탈처럼 입이 그게 뭐니?"라면서 자기 입을 옆으로 잡아당겨 팔(八) 자로 만듭니다.

"동정심이 가게 울어야지. 이게 뭐니? 팔 자를 해가지고."

그의 탈바가지 흉내에 나는 그만 울다가 웃어 버리고 말았습니다. 그의 작전에 말려든 것입니다. 그리고 그냥 그의 품에 안겨 어리광을 부렸습니다.

'때론 나도 어릴 적 그대로 아이이고 싶단 말이야!'

나를 무릎에 눕혀 내 긴 머리카락을 손가락으로 빗어주던 어머니의 품, 병원에서 내 허벅지에 난 종기를 째고 치료한 후 나를 업고 집에 오셨던 아버지의 등이 그립습니다.

참 부끄럽고 죄송스러운 고백입니다. 비난받을 것이 두렵고 겁났습니다. 그 사건은 지난 8월 8일에 일어났습니다. 대형 마켓에서 배추 하나를 좀 더 좋은 걸로 고르려고 모든 신경이 거기에 쏠려 있는 순간, 그 1, 2초 사이에 핸드백을 도둑맞은 것입니다. 울면서 허둥댔습니다. '하나님 아버지! 제가 잘못했습니다. 제 실수예요. 용서해주세요!'

하필이면 그날따라 가방 속에 모든 것이 다 들어 있었습니다. 여권, 4일 전에 힘들게 받은 헝가리 거주증(연장), 자동차등록증, 운전면허증, 비자카드, 핸드폰, 세금영수증, 그리고 1천 캐나다 달러(약 800 USD)까지. 아! 생활비, 밀린 세금도 내야 하는데, 우리 성도들 급식 재료비인데….

특히 그 선교 후원금은 20여 년 만에 만난 선배 목사님 내외분으로부터 눈물을 흘리며 받은 것입니다. 그분들은 캐나다에서 오셨는데, 4년 전에 열다섯 살이던 큰아들이 십대 친구가 몰던 차에 탔다가 사고로 먼저 천국에 간 일을 눈물로 간증하시며 저희에게 후원금을 주셨습니다.

'하나님! 제가 잘못했어요. 그 헌금 부끄럽지 않게 사용하려고 했는데….'

나의 지혜 없음을, 늘 '철두철미! 유비무환!'을 외쳐왔지만 얼마나 허술했는지를 다 인정합니다. 이제 나조차 나를 믿을 수 없게 되었습니다. 쉴 새 없이 너무 바빠서 외로울 시간이 어디 있냐고 큰소리쳤지만, 큰일 다했다고 잠시 긴장을 놓는 그 순간 당하고 말았습니다.

'제5회 헝가리 및 유럽 단기선교'로 40명이 와서 섬긴 후, 한국에서 온 팀은 2주 뒤에, 미국에서 온 팀은 3주 뒤에 돌아갔습니다. 또 1년 동안 영성 훈련과 함께 사역하며 공동체 생활을 했던 5명의 인턴 선교사들도 돌아갔습니다. 그리고 캐나다팀 10명과 우크라이나 선교사 가족 4명이 함께 4박 5일간의 사역 후 돌아가고, 영국팀 14명이 1박 2일로 사역하고 막 떠난 날이었습니다. 다음날 오기로 한 체코 선교사 일행을 위해 김치를 담그려고

배추를 사러 마트에 갔다가 그만….

우리 둘째 아들 성훈이가 말합니다.

"엄마! 하나님이 다 컨트롤하세요. 믿음을 가지세요."

남편도 기도해주고 말씀으로 위로해줍니다.

너희는 가만히 있어 내가 하나님 됨을 알찌어다 내가 열방과
세계 중에서 높임을 받으리라 하시도다 시 46:10

방금 전에 받은 그 전화는, 가정교회로 알려진 최영기 목사님의 위로와 격려를 조안나 자매님이 전해준 것이었습니다.

"꼬불쳐둔 돈이 있습니다. 그걸 속히 보내드리겠습니다."

우리 인생의 고비마다 내 아버지와 어머니 같은 분들이 계시니 큰 힘과 위로가 됩니다! 목사님들, 친구들, 제자들이 그런 분들입니다.

자꾸 눈물이 납니다. 죄송합니다. 다 내 잘못입니다. 너무나 고맙고 감사합니다. 존경하고 사랑합니다. 여러분이 어려울 때 제가, 저희 부부가, 저희 두 아들이 돕겠습니다.

서부역에서 급식하는 서명희 선교사.

기적을 가져다준
두 사람

트럭 한가득 겨울옷을 싣고 온 중국인 크리스천 앨리스와
천막 예배당을 지어준 유대계 헝가리인 야노시의 섬김

이제 몇 시간 후면 약속한 새벽 2시가 되고, 우리는 '연말 금식기도회'를 떠나게 됩니다.

조금 후에 졸탄과 칠라가 졸탄의 아버지 친구분이 모는 밴으로 오면, 그 차로 함께 떠날 것입니다.

이번 금식기도회에는 8명이 함께 가게 되었습니다. 우리 노숙자 성도들은 주소가 불분명하고 전과 기록도 있어 여권 신청을 거부당해 아쉽게도 함께 가지 못합니다. 지금은 EU(유럽공동체) 내에서 신분증만으로 쉽게 다른 나라를 다닐 수 있게 됐지만, 몇 년 전까지도 서로 국경을 접하고 있는 유럽에서는 여권이 매우 중요했습니다.

졸탄은 가톨릭대학교에서 2학년을 마치고 여름방학 때, 우리 여름 단기선교에 참여하면서 알게 된 청년입니다. 우리 오병이어가 코르비누대학교에서 전도한 칠라가 같은 과의 단짝인 아그네스와 또 고향친구인 졸탄을 데려온 것입니다. 지난 단기선교에 모집된 40명 중 5명이 헝가리 학생이었는데, 그들이 바로 이 세 명과 허이니와 툰데 자매입니다.

이제 그들이 우리 거리의 교회와 소금과빛 개혁교회의 봉사자가 되어, 금요일과 주일마다 급식과 예배를 돕고 있습니다. 더구나 졸탄은 가톨릭대학교를 그만두고 신학교에 들어가, 우리 교회 전도사가 되었습니다.

매해 연말에 3박 4일간 갖는 금식기도회는 지난 한 해 하나님이 베풀어주신 놀라운 은혜에 감사하고, 주님 앞에 금식하며 새해를 기도로 맞이하는 시간입니다. 그 놀라운 기적 같은 은혜란 다음을 두고 하는 말입니다.

지난 11월초 날씨가 갑자기 영하로 뚝 떨어지자, 홍부 선교사가 내게 말했습니다.

"여보! 나 오늘 남부역에서 노숙자 성도들과 함께 잘게."

"안 돼요! 의사들은 환자들처럼 직접 병들어봐야 고치나요?"

내가 완강히 반대했습니다.

"그럼, 날씨가 추워졌는데 어떻게 지내나 보러 남부역에 다녀올게. 내 외투 좀 찾아줘!"

그렇게 혼자 남부역에 나간 홍부 선교사가 얼마 후 외투 없이 떨며 돌아왔습니다.

"그들은 추위에 떨고 있는데 나만 외투를 입고 있어서 얼마나 민망하던지! 하나님이 그들을 다 입히시고 나면, 나도 입을 거야."

그렇게 며칠이 지나고 주일 아침이었습니다. 차고를 개조한 예배당에서 흥부 목사는 성도들을 맞이하며 예배를 준비하고 있었고, 나는 역으로 나가 밴에 노숙자 성도들을 태워 왔습니다. 한 번 더 역으로 가려고 나서는데, 갑자기 낯선 빨간 차가 예배당 앞에 도착했습니다. 그러더니 커다란 짐을 내리기 시작했습니다. 오리털 점퍼 70벌, 팬티 6백 장과 양말 6백 켤레, 조끼, 또 우리 부부 옷이라며 각각 30벌.

그 물건을 주신 분들은 중국인 크리스천들입니다. 우리 둘째 아들 성훈이의 친구 레이의 어머니이자 중국 대사관에서 일했던 앨리스(수빈)가 중국인 교회의 리더인 첸에게 말해 옷가지들을 모아서 가져온 것입니다. 흥부 선교사가 "우리 노숙자 성도들이 겨울 점퍼를 다 입기 전에는 나도 안 입겠다"고 했더니, 하나님 아버지께서 흥부 선교사 감기 들까 봐 염려되셨는지 급히 보내주셨습니다.

최근의 기적은 '유대인 야노시'가 자전거를 타고 온 데서 시작됩니다. 그가 추운 주일 아침에 예배를 보러 오면서 여름 샌들을 신고 있기에 내가 남편의 구두를 줬더니 자기 신발은 누가 다

훔쳐갔다면서 당장 갈아신었습니다.

그 주일 예배 광고시간에 흥부 목사가 말했습니다.

"나의 제수씨가 임종을 맞아 한국에 속히 가야 하니, 내가 없는 동안 여러분이 천막 예배당을 세워주십시오!"

우리 예배당이 하도 조그마해서 성도들로 차고 넘치자 뒷마당에 천막 예배당을 짓기로 했던 것입니다. 그동안 사호시장(네 마리 호랑이란 뜻, 헝가리와 같이 공산국가인 중국과 베트남에서 온 장사꾼들이 모여 형성한 천막시장. 옛날 우리나라 동대문시장과 비슷함)에서 천막만 사다놓은 상태였는데, 한국에 계신 부모님과 동생에게 급히 와달라는 연락을 받은 것입니다.

유대인 야노시(요한)는 젊은 야노시와 라치, 그리고 가보르를 인솔하여 며칠 동안 밤에는 불을 밝혀놓고 뚝딱뚝딱 늦게까지 일하더니 마침내 천막 예배당을 완성했습니다. 급식 때 쓸 튼튼한 식탁까지 여러 개 만들고, 바닥에는 따뜻하도록 대팻밥도 깔아주었습니다. 이제 주일 예배 후 모두 따뜻한 온실 같은 천막 처소에서 식사를 할 수 있게 되었습니다.

64세인 그는 러시아에서 25년간, 그 외에도 여러 나라에서 근무한 경력이 있는 공군 중령 군용기 조종사 출신으로, 4개 국어에 능통하며, 경마, 수영, 마라톤을 즐기는 스포츠맨입니다. 그가 우리 급식 차인 캔의 지붕에 올라가 쇠를 용접하여 받침대를 만들기까지 했습니다. 옆에서 젊은 야노시가 좀 도왔지만, 주도적으로 일한 것은 유대인 야노시였습니다. 나는 그 과정을 지켜보며 기다리는 동안 발이 시려워 동동거렸습니다.

그가 우리 교회에 헌물하는 6개의 통나무를 밴의 지붕 받침대에 묶으면 나는 조심스럽게 운전해서 그것을 옮겼습니다. 그 목재로 천막 예배당의 기둥을 세우던 그의 모습은 왠지 모세를 떠올리게 했습니다. 내가 새참으로 해준 김치 부침개를 먹고 한국 김치를 좋아하게 됐다는 그는 유대인이지만 예수님을 믿습니다.

홍부 선교사가 돌아온 후 크리스마스가 겹친 지난 주일, 우리 교회 개척 이래 처음으로 세례식이 있었습니다. 문답과 고백의 단계를 거쳐 드디어 세 사람이 교회 앞에서 은혜롭게 세례를 받았습니다. 기타를 치는 이쉬트반과, 요리사 요지, 그리고 한 명은 검은 야노시입니다. 같은 이름이 많다 보니 흔한 이름 앞에는 별명처럼 수식어를 붙여 부릅니다.

홍부 선교사가 한국에서 제수씨의 장례 예배를 집례하고 부모님을 비롯한 가족들을 위로하는 그 짧은 기간 중에 몇 분을 만났는데, 그중 한 분이 선교 후원금을 주셨다고 합니다. 그것으로 이번 금식수련회에 드는 비용을 충당할 수 있게 되었습니다.

아! 바울의 고백이 실제로 나의 고백이 될 수 있을까, 그만 울컥합니다.

…나의 달음질이 헛되지 아니하고 수고도 헛되지 아니함으로… 만일 너희 믿음의 제물과 섬김 위에 내가 나를 전제로 드릴지라도 나는… 너희 무리와 함께 기뻐하리니… 빌 2:16-17

이번 금식기도회를 통해서, 또 새로운 한 해를 준비하고자 합니다. 우리에게 기적을 가져다준 분들처럼 우리 부부도 헝가리 사회에 기적을 가져다주는 사람이 되고 싶습니다.

천막 예배당 지을 때 섬긴 사람들. 왼쪽부터 유대인 야노시, 젊은 야노시, 카르치, 게르게이, 라치, 가보르.

날씨가 쇠도
다 움직이네!

내가 할 일은 무조건 잔치에 '청하여 데려오는 일'이고,
손님을 '택하는 일'은 임금의 권한인데,
저에겐 여전히 데려오는 일이 참 힘듭니다.

흥부 선교사가 말했습니다.

"우와! 날씨가 쇠도 다 움직이네!"

겨우내 우리 집 쇠대문이 수축되어 잠글 수도 없고 열 때마다 힘들었는데, 봄이 오니 드디어 아귀가 딱 맞아 잘 열리고 어젯밤부터는 잠그고 잘 수도 있게 되었습니다.

바야흐로 세탁의 계절이 돌아왔습니다. 나는 오늘 만사 제쳐놓고, 노숙자들이 벗어놓은 똥오줌 묻은 옷을 고무 대야에 담아 장화 신은 발과 고무장갑 낀 손으로 초벌 빨래한 뒤 세탁기에 넣어 돌렸습니다. 그들의 옷을 세탁한 후에는 식초를 넣고 세탁기를 씻어낸 뒤, 우리 옷을 넣어야 합니다. 세탁기가 하나였을 때는 이 과정을 반복했습니다.

지난 주일에는 노숙자들 중 정도가 심한 지미, 엘로, 키 큰 요지를 도저히 교회에 데려올 수 없었습니다. 냄새야 참겠지만, 옷 위까지 기어다니는 이를 보니 데려올 엄두가 나지 않았던 것입니다. 나에게까지 이가 옮아 한국에서 참빗을 보내달라고 해서 겨우 다 잡았던 터라 다시 이와의 전쟁을 치러야 하는 게 정말 싫었습니다. 예배 후 마음이 편치 않아 남편에게 그들을 데려오지 못한 사정을 말했더니, 남편의 대답이 이랬습니다.

"그래도 데려왔어야지."

그 말을 들으니 힘이 쭉 빠집니다.

"여보! 제발 나 잘했다고 말해줘요. 나 힘들게 했어. 피곤해! 먹을 것과 입을 것은 갖다주기로 했단 말예요. 그리고 그들을 위해 금요일 '거리의 교회' 예배가 따로 있잖아요?"

내 경험상 여자는 두 가지 일로 짜증이 나는 것 같습니다. 하나는 경제적인 압박이 있을 때, 또 하나는 지치도록 일했는데 알아주지 않을 때. 울먹이다시피 항의했지만, 내 마음엔 여전히 갈등이 있었습니다. 왜냐하면 성경에 선교 매뉴얼이 나와 있기 때문입니다.

천국은 마치 자기 아들을 위하여 혼인잔치를 베푼 어떤 임금과 같으니… 네거리 길에 가서 사람을 만나는 대로 혼인잔치에 청하여 오라 한대, 임금이… 예복을 입지 않은 한 사람을 보고…

바깥 어두운 데에 내던지라 거기서 슬피 울며 이를 갈게 되리
라 하니라 청함을 받은 자는 많되 택함을 입은 자는 적으니라
마 22:2-14

내가 할 일은 무조건 잔치에 '청하여 데려오는 일'이고, 손님
을 '택하는 일'은 임금의 권한인데, 저에겐 여전히 데려오는 일이
힘듭니다.

한편 봄이라 실칼만 광장에는 수십 명의 사람들이 인력시장
에 나와 자기를 써달라며 깔끔하고 건강한 모습을 보여주고 있
었습니다. 그중에는 루마니아에서 온 집시들이 많습니다. 내가
교회 데려갈 사람들을 찾는다고 하니까, 여러 명이 우리 밴에 올
라탔습니다. 어차피 일용직을 얻지 못할 바에야 이 선교사를 따
라가 교회에 가보자 하는 표정들이었습니다. 덕분에 지난주에 비
해 술 주정이나 지독한 지린내가 없어서 좋았습니다.

세탁기가 빨래를 하는 동안 나는 이제 또 장미나무, 복숭아
나무 전지 작업을 해야 합니다. 나중에 풍성한 꽃과 열매를 맺도
록 하기 위함입니다. 우리 마당에는 튤립이 제법 올라와 있습니
다. 지금 홍부 선교사는 '유럽 배낭선교'(7월 18일-8월 8일)를 위해
기도하며, 선교에 동기부여를 하면서 단기선교팀을 모집하고, 또

거리의 교회 예배를 위해 매주 3개의 설교를 헝가리어로 준비하고 있습니다.

서로 바쁘지만, 그저 함께 동네 한 바퀴 산책이라도 하고 싶어집니다. 봄이 나에게 뭔가 보여줄 것이 있다고 합니다. 나뭇가지에서, 꽃밭에서, 그리고 우리 마음에서 솟아나는 싹 같은 것을!

이 따스한 날씨가 노숙자들의 인생 쇠문도 좀 움직여주면 좋겠습니다.

'열려라, 삐거덕! 아니, 활짝!'

재래시장 꽃 가게에라도 가고 싶은 날입니다.

주일 실칼만 광장의 인력시장에서 교회로 데려온 루마니아 집시들.

우리 모두 미안하다,
엘러!

아브라함 품에 안긴 거지 나사로 같은 엘러!
넌 우리 사역의 상징이고, 꽃이었다. 사랑해!

"여보! 내일 맛있는 거 사줄게, 돈 좀 줘!"

내 생일 전날 남편이 부엌문 앞에 서서 말합니다.

'음! 내 생일 선물을 사고 싶어서 저러는구나.'

알면서도 짐짓 모르는 척 아무 말 없이 빙그레 웃으니까, 남편이 항의성 발언을 합니다.

"난 비상금도 하나 없고….'

나는 급식 준비로 바빠서 거들떠보지도 않고 대꾸합니다.

"빨리 감자, 당근, 꼴바츠(햄), 그리고 빵이나 썰어주세요."

가스레인지 위에는 두 개의 큰 국통이 놓여 있습니다. 그중 하나에서는 소뼈 국물이 펄펄 끓고 있고, 다른 하나에서는 고추기름이 자글자글 끓고 있습니다. 우리나라 육개장과 비슷한 구야시(굴라시) 수프를 만드는 중입니다. 마음은 급하고, 양파를 썰 때 자칫 잘못하면 칼이 미끄러져 손을 베기 십상이라 얼굴 보고 대화할 겨를이 없습니다.

조리대 위에는 양배추, 감자, 흰색 당근과 주황색 당근 등의 채소와 고추, 마늘, 후추, 커민 등 각종 헝가리 양념이 기다리고 있고, 큰 밥통에서는 밥이 다 되어가는지 김이 하얗게 피어오르고 있습니다. 또 부랴부랴 설거지하고 마른 수건으로 닦은 그릇, 숟가락, 주걱, 국자, 컵과 커피 보온병까지 챙깁니다. 남편은 거리의 교회 예배를 위해 마이크, 스피커, 신디사이저 등의 각종 기기들을 밴에 실어야 합니다.

화요일은 실칼만 광장에서 급식한 후, 곧바로 남부역으로 가야 합니다. 감사하게도 우리 급식 차가 도착하면 요지, 아틸라, 야노시가 기다리고 있다가 와서 돕습니다. 헝가리에는 같은 이름이 많습니다. 아들이 아버지의 이름을 물려받는 경우가 많아서 사무적인 서류에는 반드시 어머니의 이름을 써야 할 정도입니다. 그래서 언젠가 홍부 선교사가 "이름별로 한번 줄을 세워보면 좋겠다"고 말한 적도 있습니다.

우리를 도와 상을 세팅하던 요지가 말합니다.

"어제 새벽에 엘러가 죽었어!"

"뭐! 엘러가?"

우리 남부역 거리의 교회의 꽃인 엘러! 〈노트르담의 꼽추〉를 연상시키는 모습 때문에 모든 사람들로부터 미움을 받았지만, 우리를 처음 만났을 때 〈백만 송이의 장미〉를 불러주었던 조그만 여인. 내가 가장 여러 번 옷을 세탁해주고 이 잡아주고 머리를 잘라주고 목욕시키고 붕대를 새로 갈아줬던 사람. 더러운 자기 옷을 깨끗이 세탁해서 돌려주면 옷에 얼굴을 파묻고 세제 향기를 맡으며 좋아서 감격했던 사람. 절뚝거리는 다리로 늘 제일 반갑게 "어쩜(아버지)! 머머(엄마)!" 소리지르며 달려와 세 번 '뿌시뿌시' 하는 것도 모자라, 그 작은 몸집으로 우리 머리를 잡아내려 이마에서 머리까지 뽀뽀해주던 여인입니다.

그뿐만이 아닙니다. 술에 취하면 거리의 교회나 소금과빛 개혁교회에서 고래고래 소리를 지르고, 취중에 싼 오줌의 지린내와 겹겹이 껴입은 두터운 모직 옷의 노린내가 합쳐진 악취 때문에 사람들이 꺼려하고 피하는 사람이기도 합니다. 게다가 안하무인, 독불장군, 천상천하유아독존 같은 성격으로 곧잘 예배 도중 앞으로 나와 악을 쓰며 요한복음 3장 16절이나 주기도문을 외우는가 하면, 예배 축도 전에 부르는 헝가리 국가 '힘누스'를 제일 큰 소리로 불러대던 사람입니다.

그녀는 설교 시간에 가장 자주, 그리고 가장 다양한 반응으로, 또는 '아멘'으로 홍부 선교사를 방해하는 동시에 흥을 돋워주었고, 아마추어인 내가 신디사이저로 찬송가를 칠 때는 내 곁에 와서 얌전히 앉아 있기도 했습니다. 홍부 선교사가 예배 도중 기도시간에 무릎을 꿇으면, 자신도 그 굽히기 힘든 다리를 구겨가며 꿇어앉던 그녀!

세상에서 그녀가 보낸 마지막 날인 지난 주일 아침, 그녀가 나를 도와준 것이 한 가지 있습니다. 그것은 지미에게 옷 보따리를 전해주는 일이었습니다. 내가 옷 보따리 세 개를 꾸려 가져간 적이 있는데, 지난번 교회에 못 데려온 엘러, 지미, 키 큰 요지를 위한 것이었습니다. 예배 시작 시간이 촉박해지자 나는 빨리 옷을 갈아입혀 교회 데려오려고 미리 장갑까지 끼고 갔는데, 엘러가 고집을 피우며 갈아입지 않겠다고 하여 그냥 옷 보따리만 건네주고 왔던 것입니다. 건장하고 키가 큰 요지에게는 옷 갈아입고 버스 타고 교회 오라며 옷 보따리를 주었고요. 한편 지미는 눈을 뜬 채 잠이 들어 있었는데 꼭 죽은 것처럼 꼼짝도 안 해 내가 엘러를 불렀던 것입니다.

"도와줘, 엘러! 지미가 이상해!"

나는 정말 무서웠습니다. 그는 눈을 똑바로 뜬 채 미동도 없이 몸이 굳어 있었습니다.

"지미! 머머 왔어. 옷 가져왔단 말이야."

엘러가 지미를 흔들다 옷 보따리만 옆에 놔두는 것을 보고, 나도 더 이상 지체할 수 없어서 실칼만 광장에서 기다리고 있을 사람들에게로 차를 몰았습니다. 밴에 탈 사람들이 정원보다 많아서 남부역도 실칼만 광장도 두 번씩 돌아야 했기 때문입니다. 늘 그렇게 서둘러 가도 기다리던 사람들이 "커티! 왜 이렇게 늦게 왔어? 10시가 넘었잖아"라며 한마디씩 합니다.

아, 이젠 이 세상에 더 이상 엘러가 없습니다. 마흔일곱 살. 나의 남편과 동갑이었지만, 할머니 같았던 엘러.

지미에게 갔더니 속옷, 겉옷, 새 양말까지 싹 갈아입고 있었습니다. 엘러는 내가 맡겼던 미션을 완수했던 것입니다. 그녀가 죽을 때, 그 역시 내가 준 깨끗한 옷으로 갈아입고 있었을까요?

"엘러와는 16년간을 함께 있었어."

지미가 웁니다. 그가 우는 건 처음 봅니다.

"지미! 너 행방불명 됐을 때 우리가 엘러랑 함께 병원까지 너 찾으러 갔던 거 알아?"

뿐만 아닙니다. 대학까지 다녔던 아틸라가 다리 동상으로 입원하여 수술했을 때도, 또 트럭을 몰았다던 처버가 신경마비로 병원에 입원했을 때도 우리는 그녀와 함께 병문안을 갔었습니다.

남부역 사람들이 말합니다.

"걱정 말아요. 엘러, 편안하게 갔어요. 오히려 그게 더 나아요."

어쩌면 우리 노숙자 선교 사역의 표본은 성경에 나오는 다음 두 사람일지도 모릅니다.

하나는 '거지 나사로'처럼 죽어도 구원받아 아브라함 품에 안기거나("이에 그 거지가 죽어 천사들에게 받들려 아브라함의 품에 들어가고 부자도 죽어 장사되매"_눅 16:22), 다른 하나는 '오네시모'처럼 재활하여 유익한 주의 동역자가 되거나("갇힌 중에서 낳은 아들 오네시모를 위하여 네게 간구하노라"_몬 1:10).

홍부 선교사는 이번 주일에 엘러와 라치의 추모식을 가지려고 기록을 위해 남겨놓았던 사진을 찾아 편집하고 있습니다. 사진을 찍었던 그 카메라는 사라졌지만, 그나마 컴퓨터와 홈페이지에 저장해 놓은 것이 있어서 가능했습니다.

사실 목요일 서부역에서 나는 급식하느라 정신이 없었고, 남편은 복음 전하느라 바빠 가방을 급식 탁자 아래에 내려놓았는데 순식간에 도둑맞았습니다. 그 가방 속에 사역 기록을 위해 산 카메라가 들어 있었는데….

라치는 천막 예배당을 지을 때 도와줬던 사람으로 내가 한국 음식으로 참을 해줄 때마다 무척 좋아했습니다. 그런데 전혀 낌새도 없이 그렇게 순식간에 가다니….

내 생일날 오후에 둘째 아들이 학교를 마치고 집에 왔습니다. 나는 늘 바쁜 엄마라 부엌에서 거들떠보지도 않고 인사에 응했습니다.

"왔어? 수고했다."

"엄마! 내가 유령인 줄 아세요? 왔으니까 말하죠. 이리로 와 보세요."

아들은 한 송이 붉은 장미와 땅콩이 통째로 박혀 있는 초콜 릿을 내밀었습니다.

"야! 어떻게 준비했어? 너 돈 있었니?"

남편이 부러워하며 아들에게 물었습니다.

"비상금 있잖아요."

아들이 좀 으스대며 대꾸하자 남편은 여전히 좀 억울한 듯 이렇게 말했습니다.

"상황이 나보다 낫구먼. 꿍쳐놓은 비상금이 있으니…."

엘러 생각이 떠나지 않는 내가 아들에게 말했습니다.

"엘러, 죽었어!"

아들이 말했습니다.

"엘러에게 미안해요."

내가 의아해서 "왜?"라고 물으니 아들이 이렇게 대답했습니다.

"내가 엘러 싫어했거든요. 하도 예배 시간에 방해해서…."

우리 모두 그녀에게 미안한 마음입니다.

'엘러! 네 죽음 앞에서 내 생일 축하받는 것까지도 미안해!'

만감이 교차합니다. 이제 누가 그렇게 우리를 반길까요? 찬양할 때 누가 나와서 춤을 출까요?

　아브라함 품에 안긴 거지 나사로 같은 엘러! 넌 우리 사역의 상징이고, 꽃이었다. 사랑해!

　천국에서 다시 만날 땐, 엘러가 절룩거리지 않고 기쁘게 달려와 우리를 맞이할 것입니다.

<백만 송이 장미>를 곧잘 불러주던 엘러, 가운데 모자 쓴 여인.

예수님 안에서
세레틀렉(사랑)합니다!

누가 노숙자입니까?
마음에 주님이 없는 자들이 진정 영적 노숙자들이지요.
우리는 노숙자가 아닙니다.
천국에 맨션이 있는 사람들이지 않습니까?

"사실 제가, 설교를 준비하지 못했습니다."

흥부 선교사가 마이크를 들고 말했습니다.

우리 거리의 교회 성도들은 금요일 저녁 급식으로 배도 든든히 채웠으니 이제 한시름 놓고 목사가 미소 그득한 얼굴로 들려주는 말씀을 기대하고 있었습니다.

노숙자들 사이에 앉은 나는 그의 고백에 마음이 좀 초조해졌습니다. 그가 이어서 말했습니다.

"하지만 여러분을 사랑합니다. 세레틀렉(Szeretlek: '사랑합니다'의 헝가리어)!"

휴! 나는 다시 눈이 초롱초롱해졌습니다. '정말 그렇지?' 하는 눈길로 우리 성도들을 바라보니 모두들 고개를 끄덕이며 푸르륵 웃습니다. 아! 우리가 없는 며칠 동안 부다페스트는 너무나 푸르러졌습니다.

"저 신록 좀 봐요! 눈부셔라!"

감탄이 절로 나옵니다.

남부역은 지하도 안쪽으로는 전철을 타기 위해 에스컬레이터로 오르내리는 승객들로 붐비지만, 바깥쪽으로는 찻길 건너 공원이 탁 트여 있습니다. 오가는 사람들이 우리를 신기하게 쳐다보며 총총걸음으로 지나가기도 하고, 발길을 멈춰 교회 배너를 유심히 읽어보기도 합니다. 유유자적하는 사람들은 큰 모니터에 띄운 찬송가 가사나 주기도문을 보며 함께 예배에 참여하기도 합니다. 손님을 기다리는 택시 기사들도 차에서 나와 이쪽을 향해 서 있습니다. 구경이든 참여든.

강단에 해당하는 자리에는 커다란 선전용 옥외 게시판이 세워져 있는데, 막 선거를 치른 헝가리의 사회상을 잘 보여주는 슬로건이 승리당인 사회당 지역구 인물사진과 함께 실려 있습니다.

'문카(Munka; 일), 오톤(Otthon; 가정), 철라드(Csalad; 가족)'

우리로선 가정과 가족을 떼어놓고 설명하기 어렵지만, 이곳은 그것이 삶의 한 양식입니다. 가족은 있지만, 이혼으로 가정이 깨어지기도 합니다. 그러면 비록 가족이 뿔뿔이 헤어져 살아도 아버지는 가장의 의무를 해야 하고, 매달 양육비를 못 보내면 경찰에 불려다니게 됩니다. 그러다가 노숙자로 거리에 나앉거나, 범죄자가 되어 감옥에 갑니다. 그것이 이곳의 사회문제이므로 정치 이슈로 내놓은 것입니다.

홍부 목사의 말이 이어집니다.

"한 가난한 집에 어머니와 딸 마르다와 아들 얀이 살고 있었습니다. 외딴 곳에서 조그만 여관업을 하는 그들의 꿈은 유토피아에 가서 사는 것이었지요. 아들 얀은 가난을 못 견뎌 그냥 뛰쳐나가 긴 세월 고생하며 돈을 벌고 아내 마리아까지 얻었습니다. 그러다 집이 너무 그리워져 고향에 돌아가기로 합니다. 얀은 아내를 가까운 마을에 두고 혼자 먼저 들어갔습니다. 너무나 변한 얀을 알아보지 못한 어머니와 누이는 부자인 남자를 죽이고 돈을 훔칩니다. 나중에야 그가 바로 그렇게 그리던 아들 얀이었음을 알게 됩니다.

이 이야기는 바로 카뮈가 쓴《오해》라는 소설의 줄거리입니다. 여러분! 그들은 유토피아라는 꿈을 이루기 위해 잔인한 짓을 저질렀습니다. 그 꿈을 이뤄 함께 누리고 싶었던 가족을 살해하는 결과를 낳게 된 것입니다. 여러분도 만일 현실을 도피하여 유토피아라는 꿈을 꾸다가, 술과 담배로 무절제한 생활을 계속하면 그것에 중독되고 결국에는 자신을 죽이고 말 것입니다. 그렇지요?"

설교를 듣고 있던 우리 노숙자 성도들이 고개를 끄덕입니다.

이 이야기는 우리 부부가 월요일부터 금요일(4월 25일-4월

28일)까지 '유럽 목회자 세미나'에 참석하여 강유일(《배우 수업》,《빈자의 나무》저자) 작가에게 들었던 강의를 인용한 것입니다. 홍부 선교사가 설교를 준비하지 못한 대신 그 이야기를 우리 성도들에게 들려주며 적용한 것입니다.

"이 소설은 성경의 마르다, 마리아, 나사로의 얘기를 원형으로 했다고 합니다. 소설은 거기에서 끝나지만, 성경은 어떻습니까? 죽은 나사로를 살리신 예수님이 나옵니다. 누가 노숙자입니까? 마음에 주님이 없는 자들이 진정 영적 노숙자들이지요. 우리는 노숙자가 아닙니다. 천국에 맨션이 있는 사람들이지 않습니까?"

우리 길거리 성도들이 키득키득 웃기 시작합니다.

"그 꿈, 오해하는 사람 있습니까? 은혜와 믿음으로 이해하는 것이지요. 예수님도 노숙자셨습니다. '예수께서 이르시되, 여우도 굴이 있고 공중의 새도 거처가 있으되 인자는 머리 둘 곳이 없다'(마 8:20)고 하셨으니까요."

설교를 마친 홍부 선교사는 땅바닥에 무릎을 꿇었습니다.

"다같이 통성 기도합시다. 민족과 교회, 가정, 가족, 자신을 위해…. 주여!"

그리고 모두 일어나 헝가리 국가 힘누스를 부르고 축도로 예배가 끝났습니다.

홍부 선교사는 성도들에게 헤어질 때 이렇게 인사하라고 말합니다.

"예수님 안에서, 세레틀렉합니다. 세레틀렉 예주쉬 크리스투쉬 번!"

헝가리 학생 봉사자들(졸탄, 칠라, 아그네스, 허이니, 툰데)이 끝까지 예배를 드린 사람들에게 샌드위치를 나누어주고, 모든 급식 도구와 예배 기기들을 다시 밴에 옮기기 시작합니다. 짐을 날라주겠다고 서로 돕는 우리 노숙자 성도들을 보며, 칭찬도 해주고 뿌시뿌시도 해줍니다. 한 나흘 못 봤다고 엄청 반가워하는 그들은 내 얼굴에 침을 튀기며 뜨겁게 껴안아주기도 합니다.

"세레틀렉!"

마지막까지 남은 봉사자들에게 일일이 감사인사를 하며 함께 하나님께 감사기도를 드렸습니다. 특히 장남인 남편을 보러 한 달간 우리 집에 와 계신 일흔이 넘은 시부모님은 말도 안 통하는 가운데 우리 사역을 헌신적으로 도와주셨습니다. 우리 집 뒷마당에 세운 천막 예배당 옆에 노숙자들이 언제든지 와서 씻을 수 있도록 증축하고 있는 화장실 겸 샤워실 공사를 돕느라 시멘트 돌판을 옮기다가 담이 들어 끙끙 앓으면서도 잔디 깎기, 식탁보 깔기, 운전 등 쉬지 않으신 아버님! 예배 때 특송과 거리 찬양으로, 또 급식을 위한 요리와 설거지, 청소로 힘이 되어주신 어머님께 깊이 감사드립니다.

그분들이 계셨기에 우리 부부가, 이번 유럽 배낭선교를 위한 동역과 협력 건으로 유럽 목회자 세미나에 다녀올 수 있었고, 또 바로 예배 시간에 맞춰 공항에서 부랴부랴 달려올 수 있었습니다. 이렇게 때마다, 시마다, 분초마다 돕는 손길을 붙여주시는 분, 여호와! 때론 힘들어 울 때조차도 거역할 수 없는 사랑을 느끼며 내가 침 삼킬 동안에도 나를 놓지 아니하시는 분을 의지합니다.

거리의 교회 예배를 마치고 집으로 돌아가는 급식 차 안에서, 우리는 그동안 있었던 일들로 이야기꽃을 피웁니다. 해가 길어져 아직도 밝은 부다페스트가 차창 밖으로 보입니다. 엘리자베스 다리 아래에는 다뉴브강이 물결 따라 빛을 반사하며 유유히 흐르고, 고색창연한 거리에 늘어선 마로니에나무 위에는 삼각뿔 모양의 하얀 꽃송이들이 도도히 피어 있습니다.

우리를 태운 급식 차는 이제 다뉴브강을 건너 부다 쪽에서 페스트 쪽으로 넘어갑니다.

나도
특별하단 말이네요

그러고 보니 흥부 아내인 나는 사환의 사환이며,
증인의 증인이네요. 그것도 아주 특별한…!

"엄마! 나도 특별하단 말이에요."

고등학교 3학년생 둘째 아들 성훈이의 항변입니다.

며칠 전 아들이 학교에서 졸업앨범에 넣을 어릴 때 사진을 가져오라고 했다며 저에게 사진을 찾아줄 것을 부탁했습니다. 그런데 저는 차일피일 미루다가 기껏 찾아준 것이 큰 아들 성화와 함께 찍은 사진이었습니다.

"형하고 같이 찍은 것 말고, 내 독사진이 필요해요."

두 아들이 함께 있는 모습이 의젓하고 자랑스러워 보여 고른 것인데, 그것은 그냥 엄마 생각, 내 주의(-ism)였나 봅니다. 내 생각은 늘 실용주의여서 종종 사람들을 서운하게 하거나 그들에게 냉정하게 느껴질 때가 있나 봅니다. 졸업여행 떠나는 둘째 아들을 집합 장소에 데려다주고 오는 차 안에서 생각하며 혼자 웃었습니다. 오늘도 하마터면, 그 애를 다른 동급생 차에 합승시켜 보

널 뻔했기 때문입니다. 마침 사진 때문에 미안했던 터라 그렇게 하지는 않았습니다. 사실 둘째 아들 사진은 첫째 아들에 비해 별로 없어서 마땅한 것을 찾기가 진짜 어려웠습니다.

'그래! 너도 이제 대학생이 되어 독립해 나갈 날이 다가오는구나. 맞아! 너도 한 인격체로 특별해.'

그 아이가 졸업여행 떠나는 길을 데려다주길 잘한 것 같습니다.

지난 수요일, 남편 홍부 선교사가 한 설교 말씀이 생각납니다.

"어쩌면 마리아는 향유를 딱 한 번만 부은 것이 아닐지도 모르겠다는 생각을 해봤습니다. 오래전부터 그래왔던 헌신을, 그때는 더 정성들인 헌신으로 표현했던 것이 아닐까요? 왜냐하면 그 장면(요 12:3)이 나오기 전에 이미 "마리아는 향유를 주께 붓고, 머리털로 주의 발을 씻기던 자"(요 11:2)로 기록되어 있기 때문입니다. 바로 평소 훈련된 헌신에서 나오는 최상의 헌신이었던 것입니다."

홍부 선교사가 이어서 말했습니다.

"생각해보세요. 빌립이 그랬지 않습니까? 오병이어의 기적 직전에, 예수님께 5천 명을 먹이려면 적어도 2백 데나리온이 필요하다고. 그런데 마리아가 부은 향유는 3백 데나리온이니, 그 가치가 얼마나 더 크겠습니까? 그것은 가치를 넘어선 헌신입니다. 내 아내 커티는 실용주의자라서 아마 그 돈으로 우리 급식 사역을 생각했을 것 같습니다."

노숙자 성도들이 동의하는 듯 킥킥 웃었습니다.

그의 설교가 막바지에 이르렀습니다.

"내가 성경에서 존경하는 세 사람이 있습니다. 이런 헌신을 한 마리아와, 사람(다윗)을 세우고 보내는 일로 자신을 헌신한 요나단, 그리고 하나님의 영광을 위해서라면 그(예수)는 흥해야 하고 자신은 쇠하여야 한다고 한 세례 요한입니다. 그래서 나의 롤 모델로 삼고 싶은 사람은 그 세 사람의 캐릭터를 다 포함한 바나바입니다. 그는 밭을 판 값을 사도들 발 앞에 뒀고, 사울이 바울이 되게 했을 뿐 아니라, 실수한 사람(마가)까지 세워간 인간 사역을 했으며, 나중에는 바울과 함께 하나님의 영광을 위해 희생하고 감내하지 않았습니까? 비록 제 이름은 팔(Pal 바울)이지만⋯."

성도들이 또 웃었습니다. 성경 속 인물들의 이름을 열거한 뒤, 결국은 본인의 이름에 도달했으니까요. 남편의 설교가 좀 길어진다는 생각이 들 때쯤, 그가 마침내 결론을 맺습니다.

"오늘 말씀을 준비하는 새벽부터 지금까지 나를 압도하는 것이 있습니다. '일어나 네 발로 서라. 너로 사환과 증인을 삼으려 함이니⋯'(행 26:16). 그렇습니다! 우리가 이곳 노숙자들에게 급식만 한다면, 그것은 사회 자선단체와 다름이 없습니다. 나는 '사환’밖에 안 될 것입니다. ‘증인’의 삶을 살아야 합니다. 내가 곧 생명의 떡이라고 하신 예수 그리스도를 전해야 합니다.”

그럼 나는 무엇일까요? ‘사환과 증인’의 ‘돕는 배필’, 홍부 아내입니다! 그러고 보니, 나는 사환의 사환이며, 증인의 증인입니다. 그것도 아주 특별한!

지금 우리 집은 태풍의 눈처럼 조용합니다. 졸업여행을 떠난, “나도 특별하단 말이야”라고 했던 둘째 아들도 없고, 내일이면 정확히 만 스무 살 생일을 맞는 첫째(대학교 2년생)도 멀리 가 있고, “우리 뭐 좀 먹어야 하지 않겠어?” 하며 제 주변을 어슬렁거리던 남편도 다시 설교를 준비하러 갔습니다.

내일 주일 아침이면 노숙자 성도들이 속속 회오리를 일으키며 닥쳐올 텐데…. 나도 이제 얼른 준비해야겠습니다. 더구나 내일은 이 달의 마지막 주일이라 성찬식이 있으니, 급식 준비와 갈아입힐 옷 정리, 청소를 하고 성찬기들도 꺼내놓아야 합니다.

부부 일심동체(Oneness)! 결국은 나도 ‘사환과 증인’입니다. 자! 일어나자!

서부역에서 함께 섬긴 봉사자와 서명희 선교사.

내게 속한 포도원은
내 앞에 있구나!

하나님은 나의 아버지십니다.
우리 각자의 필요에 가장 적합한 복을 주시니
나는 요동치 않습니다.

밤중에 두 사람이 찾아왔습니다. 바로 중국인 친구, 앨리스와 그의 아들 레이입니다.

"선물은 무게가 나가니, 돈을 봉투에 넣었어요. 그걸로 성훈이에게 필요한 것 사라고."

5백 달러였습니다. 내가 둘째 아들을 불러 그 사실을 전하자, 옆에 있던 인애(인턴 선교사)가 말합니다.

"아까, 성훈이가 돈 3백 달러가 생기면 세상을 바꿀 거야 하더니."

아! 그 말대로, 그가 세상을 바꾸는 사람이 되도록 기도해주고 멀리 보냈습니다. 만 열일곱 살에 부모를 떠나 둘째는 이제 대학교로 향해 갑니다.

더 놀라운 사실이 기다리고 있었습니다.

"커티! 레이 말예요, 당신 집에서 학교 다니면 안 되겠어요?

당신 집이 좋대요."

"할렐루야! 내 아들 레이! 좋아요, 내가 스텝맘(새엄마) 되어줄게요. 환영해 레이!"

레이는 부다페스트 국제기독학교인 ICSB(International Christian School of Budapest)에서 둘째 아들과 한 반으로, 그의 절친입니다. 앞에서 이미 소개했던 겨울 점퍼를 기증한 앨리스의 아들이기도 합니다. 중국에서 헝가리로 와서 이 학교를 다닌 지 1년밖에 안 된 레이는 대학에 갈 성적 기록이 부족해 고등학교 3학년 과정을 1년 더 공부해야 합니다. 그런데 자기 집이 너무 멀어 그나마 학교와 가까운 편인 우리 집에서 통학하고 싶다고 했습니다.

내가 그를 껴안아줄 때마다 "내 아들, 레이!" 했더니, 정말 하나님은 나를 어머니가 되게 하셨습니다. 남편은 내 아이디(ID)를 아예 '헝가리 맘'이라고 지어줬습니다.

"맘은 두 가지 뜻이 있잖아? 마음과 엄마! 그렇게 되라고…."

> 솔로몬 너는 일천을 얻겠고, 실과 지키는 자도 이백을 얻으려니와, 내게 속한 내 포도원은 내 앞에 있구나 아 8:12

아니, 이게 무슨 소리입니까? 분명 그 위의 구절에 포도원의 주인은 솔로몬이라고 했는데? 주인은 소작인에게서 그가 요구한

값만 받지만, 내게 속한 내 포도원은 내 앞에 있다며 희열에 차 있습니다. 그럼 여기서 '나'는 누구입니까? 가슴이 두근거립니다 (물론, 이건 제 개인 묵상입니다).

'술람미 여인이여! 술람미 여인, 서명희여! 거친 들에서 올라오는 자여! 아! 성화와 성훈을 낳은 어머니여!'

나는 돈의 액수에 대해 좀 유치할 때도 있고 고고할 때도 있습니다. 또 나의 정서로 가늠하기도 합니다. 정확한 숫자로 보는 것이 아니라, 그 돈의 유래에 대한 이해와 감성으로 느낍니다. 바로 내게 속한 포도원은 내 앞에 있기 때문입니다.

'놀라운 은혜여…!'

하나님은 나의 아버지십니다. 우리 각자의 필요에 가장 적합한 복을 주시니 나는 요동치 않습니다. 그것은 마치 나의 배우자가 내게 최선(Best)인 것과 같습니다. 누구와 비교해서 최고가 아닙니다.

또 한 가지 고백할 것이 있습니다. 그때 최선을 다하는 것의 참뜻을 깨닫고 많이 울었다는 것입니다. 그 당시 우리 부부는 인턴 선교사들과 헝가리 대학생들까지 데리고 '자마 대회'(JAMA)에 3주간 다녀온 후, 또 40여 명을 인솔하여 '유럽 배낭단기선교'로 3주간, 그리고 '동유럽 한인선교사 수련회'에도 닷새 동안 다녀왔습니다. 쉴 새가 없었습니다.

하지만 내 모토가 '좋은 것(Good)에 만족하면, 가장 좋은 것(Best)을 놓친다'(내가 국어교사로 있을 때 학생들에게도 자주 하던 말입니다)였으므로 강행군을 하다 보니 육체적인 한계에 부딪혀 파김치가 되어 있었습니다. 그때 남성여자중학교에서 가르쳤던 제자 이소영(전 SBS 아나운서)에게서 전화가 왔습니다.

"선생님! 전에 짓겠다던 선교센터는 어떻게 됐어요?"

"응! 우리 뒷마당에 예쁜 천막 처소를 지었고, 세면실을 겸한 화장실도 지었어."

왜 내게는 큰 빌딩보다 조그만 천막 처소가 훨씬 더 감동스러울까요? 이럴 때 나는 좀 감상적이 되어서 속으로 그러기도 합니다.

'응! 난 큰일을 벌이기보다 최선을 다하는 것에 긍지를 느껴.'

"선생님! 언제 한국 오세요? 저희 부부가 보너스 받은 것의 십일조를 모아왔거든요."

소영이는 보너스의 십일조로 모은 10만 달러(약 1억 1천만 원)을 우리 사역에 헌금하겠다고 했습니다. 너무 큰 액수라 나와는 너무 동떨어진 숫자로 느껴집니다.

"네가 섬기는 교회에 헌금해야지?"

내 말에 제자가 대답합니다.

"알고 있어요, 선생님! 그렇게 하고 있어요. 이건 따로 지정해서 드리기로 한 거예요.”

“아…. 하나님이 소영이 널 통해서 등을 떠미시네!”

내가 생각한 것은 최선이 아니었습니다. 이 정도면 최선을 다했다고 생각했는데, 그저 자기만족이었던 것입니다. 내가 힘들다고, 더 이상 못하겠다고 하나님의 최선을 가로막고 있었음을 깨달았습니다. 그래서 울었습니다.

어젯밤엔 중국인 친구 앨리스와 레이 모자가 다녀가자마자, 또 한 부부가 찾아왔습니다. 이곳 주재원으로 한국 출장길에 전달해달라고 부탁받았다며, 시동생인 김해근 작가가 사 보내는 노트북을 들고서 말입니다. 사실 이번 단기선교 기간 중 찬양 가사를 스크린에 띄우는 노트북을 도둑맞았는데, 시동생이 기도 중에 자꾸 형을 돌보라는 하나님의 세미한 음성을 듣고 미리 메일을 보냈던 것입니다. 노트북과 함께 도둑맞았던 안경도 다시 만들어서 함께 보낸다고…. 그 안경 역시 동생이 보내준 지 얼마 되지 않은 것이었습니다. 그러면서 이렇게 덧붙였습니다.

“형! 나도 아내 잃으면서, 새 각성(New Awakening) 했잖아. 나도 그 일 함께할게.”

그뿐이 아닙니다. 우리 노숙자를 섬기는 소금과 빛 개혁 교회에 한 번 다녀간 적이 있는 초신자분에게서 전화가 왔습니다. 그의 아내는 한동안 우리 급식 사역을 도운 봉사자였습니다. 그는 떨리는 음성으로 울며 이렇게 말했습니다.

"이제 겨우 장례식을 마쳤어요. 무척 힘들어요. 제 아내가 생전에 두 분의 섬김에 관심을 많이 가졌어요. 봉사하는 동안 자랑을 많이 했는데…. 어떻게든 도울 때가 있겠지요."

하나님은 여기저기에서 우리에게 메시지를 보내주십니다. '무형의 교회'를 지향하지만, '유형의 교회'도 버리지 말라고. 그리고 깨닫습니다. 성도들이 우리를 사랑해서 후원하는 것이 아니라 하나님을 사랑해서 후원하는 것임을! 또 우리에게 헌금을 보내는 것이 아니라 하나님께 드리는 것임을! 우리는 단지 그 헌금의 미션을 수행할 뿐이고 훗날 하나님이 달란트 비유처럼 회계하신다는 것도 깨닫습니다.

그 헌금 속에 들어 있는 성도들의 기도와 신앙심, 정성, 배려와 양보, 희생과 헌신을 생각하면 마음이 숙연해집니다. 그래서 명심합니다.

"그 헌금의 미션을, '주의 충성되고 지혜로운 종'(마 24:45)처럼 잘 감당하게 하소서! 주여!"

이제 우리 둘째 아들이 신학을 공부하러 떠납니다. 3백 달러의 의미가 지금은 농담처럼 또는 단지 그의 필요에 해당하는 가치라 할지라도, 혹시 모릅니다. 하나님의 손에 들려 기드온의 3백 용사처럼 세상을 이기는 평화의 도구로 쓰임 받을지….

"아들아! 그 돈은 그냥 돈이 아니야. 주신 분의 간절한 기도와 기대를 기억해라!"

너 동산에 거한 자야! 동무들이 네 소리에 귀를 기울이니, 나로 듣게 하려무나 아 8:13

그렇습니다. 우리 소리에 귀를 기울여주셔서 감사합니다! 개인과 가정, 또 교회들의 그 기도와 선교 후원이 한국인 선교사의 헌신 속에 들어 있습니다.

그 헌신의 역사가 헝가리의 교회와 사회를 깨우고, 부다페스트를 관통하고 있는 젖줄 다뉴브 강물처럼 마침내 오랫동안 황폐되었던 유럽까지 흘러가 그 땅을 촉촉이 적셔 소생시킬 것을 기대하고 기도합니다!

유럽 배낭단기선교 중 부다페스트의 실칼만 광장에서 중보기도.

왜 쓸데없는 짓
하십니까?

우리에게 "왜 쓸데없는 짓 하십니까?"라는
질문을 하지 않은 사람은 드뭅니다.
하지만 이제는 이렇게 반문해도 될까요?
"그럼 왜, 쓸데 있는 짓 안 하십니까?"

“왜 쓸데없는 짓 하십니까?”

사람들은 우리에게 그렇게 더디고 효과도 없는 사람들을 위해 그 먼 곳까지 가서 왜 (괜히) 수고하는지 묻습니다.

그런데 놀라운 것은 ‘우리를 보는 사람들’의 시각이 변한다는 것입니다. 우리가 섬기는 노숙자들을 보면 그렇게 말할 수 있겠지만, 노숙자들을 섬기는 봉사자들과 한국인 선교사를 보면 ‘아! 하나님이 기뻐하시는 일을 하면, 저절로 사람들에게 영향력을 끼치는구나!’ 하고 그들의 생각이 달라지는 것입니다.

그런데 사실은 노숙자들이 우리를 변화시켰습니다. 그들을 섬기면서 비로소 예수님의 사랑, 말씀, 능력을 실제적으로 현장에서 절절히 깨닫고 느끼고 체험하기 때문입니다.

그날은 내가 장을 보러 간 사이, 흥부 선교사 혼자 집에 남아 헝가리어 설교를 준비하고 있었습니다. 초인종 소리에 흥부 선교사가 나가 보니 우체부 아저씨가 서 있더랍니다. 평소처럼 편지를 우편함에 넣지 않고 벨을 누른 것을 보면 또 무슨 벌금 통지서에 사인을 해야 하나 생각했답니다. 급식 차량을 운행하다 보면 벌금 통지서 받는 일이 종종 있으니까요. 그런데 우체부 아저씨가 돈을 주면서 사인하라고 하더랍니다. 누가 헌금 1만 포린트(약 35달러불)를 보낸 것입니다. 세상에! 보낸 사람이 봉투에 주소와 이름을 차분하고 가지런한 필체로 적어놓았습니다.

'셔시바리 프란시스카(Sasvari Franciska).'

헝가리에서는 자신이 종교인이라고 인정하는 사람들이 종교세금을 냅니다. 성직자들은 그 세금으로 공무원처럼 국가에서 얼마 정도 월급을 받습니다. 헝가리 교회에 가보면 연세 드신 분들이 많아서인지, 주일 헌금 접시에는 거의 동전만 놓여 있습니다. 과부의 두 렙돈 같을 수도 있지만….

1만 포린트라면 헝가리인 한 사람의 십일조 이상일 수 있습니다. 우리의 조그만 헌신을 보고 감동하여, 어떻게 우리 주소를 알아내어 보낸 헌금! 또다시 온몸에 전율이 일어납니다. 오, 주님!

얼마 전 월요일, 동부역 거리의 교회에서 급식 사역을 할 때였습니다. 흥부 선교사는 "회개하라, 천국이 가까왔노라!" "수고하고 무거운 짐 진 자들아! 다 내게로 오라!" 하며 복음을 선포하고, 또 찬양을 계속했습니다. 그때 한 헝가리인 부부가 가지 않고 끝까지 감격스러운 표정으로 우리를 보더니, 1만 포린트를 주면서 말했습니다.

"저도 목사입니다. 우리가 하지 못하는 일을 하시니, 너무나 감사합니다!"

또 한 관광객이 "자신은 이집트인이지만, 그리스도인"이라며 1만 포린트를 헌금했습니다.

그 다음 날인 화요일에 실칼만 광장에 가니 80여 명이 줄을 서서 기다리고 있었습니다. 그래도 이곳은 계단으로 오르락내리락 하지 않아도 되는 광장이고, 인력시장이 서는 곳이라 노숙자들 중 건강한 자들이 도와주기 때문에 급식 사역이 훨씬 수월한 편입니다.

더구나 경찰이 우리 급식 차를 전차 길로 다닐 수 있도록 허락해줘서 광장으로 들어갈 수 있습니다. 물론 시청에서 급식 허가증을 받아서 하는 것입니다. 그런데 전차 길에서 광장 안으로 차가 진입할 때 턱이 높아서 국이 쏟아질 수 있기 때문에 먼저 50인분짜리 국통 두 개와 밥통 두 개는 들고 나릅니다. 그 무게와 거리가 요구하는 에너지는 바로 땀으로 말해줍니다.

"커티! 어쩜(아버지)을 좀 봐! 이것 좀 보라구."

산도르가 안쓰럽다는 듯 흥부 선교사의 목덜미를 지적합니다. 그는 이전에 우리 노숙자였는데 연금을 받았는지 중후한 노신사가 되어 있었습니다. 홍부 선교사의 까만 로만칼라 와이셔츠 목둘레에, 어제 흘린 땀이 하얀 소금으로 변해 있었습니다. 겹친 데 덮쳐 오늘의 땀이 마치 소금처럼 녹고 있었습니다.

"이제 내가 너희를 위해서 시원한 음료수를 사줄게."

그러면서 산도르는 내내 남편 옆에서 성경책도 대신 읽어주며 도왔습니다. 나중에 보니, 우리 차 트렁크에 조그만 음료수 두 병을 나란히 갖다놓았습니다.

이번주 화요일에도 "어쩌면 이렇게 일주일이 빠르지?" 하면서 실칼만 광장에서 급식 사역을 섬기는데 한 무리의 젊은이들이 우르르 몰려왔습니다. 졸탄이 그가 다니는 신학교의 신학생들 10여 명을 데려온 것입니다. 모두 예수님의 얼굴이 그려진 빨간 티셔츠를 입고 있었습니다.

"아! 그들이 다 목사가 될 사람들인데!"

홍부 선교사가 흥분해서 말했습니다.

우리는 더욱 신이 나서 함께 찬양하고, 한 남학생은 신디사이저로 흥겹게 반주도 해줬습니다.

그때 한 젊은 여성이 계속 우리를 지켜보고 서 있었습니다. 내가 다가가서 인사를 나눴더니, 그녀는 이탈리아인이며 직장 일로 6개월 전부터 이곳에서 지내고 있다고 자신을 소개했습니다. 그러고는 이렇게 급식하면서 복음 전하는 것은 처음 본다며, 본

인은 가톨릭 신자지만 주일에 우리 교회로 오겠다고 했습니다.

승용차를 타고 다니는 사람들은 우리를 잘 모르지만, 대중교통을 이용하면 이렇게 길거리에서 우리를 만날 수 있습니다.

둘째 아들이 대학생이 되어 부모를 떠나 형 곁으로 갔는데, 부모의 사역을 소개하다가 또 그 질문을 들었나 봅니다. 이메일이 왔습니다.

"누가 뭐래도 하고 계신 일 계속하면서 힘내세요! 그건 예수님께 한 거잖아요? 매일 기도하고 있어요."

작년에 큰애도 우리에게 그렇게 말해줬는데…. 형제는 용감합니다.

"사람에게 한다고 생각지 마세요. 주님은 지극히 작은 자 하나에게 한 것이 곧 내게 한 것이라 하셨죠?"

우리에게 "왜 쓸데없는 짓 하십니까?"라는 질문을 하지 않은 사람은 드뭅니다. 나도 이전에 그런 의문을 가진 적이 있었습니다. 하지만 이제는 이렇게 반문하고 싶습니다.

"그럼 왜, 쓸데 있는 짓 안 하십니까?"

나를 알아주는 거룩한 입맞춤,
'뿌시뿌시'

냄새나고 지저분하지만 그들에게 뿌시뿌시를 하고 나면
사람에 대한 간절함이 새록새록 솟아나
그 사람이 소중하게 느껴집니다.

그날은 좀 일찍 남부역에 도착했는데, 아틸라가 술에 취해 혼자 있었습니다. 그가 무척 외로워 보였습니다. "넌 대학까지 다녔는데, 왜 계속 이러고 있니?" 하고 물으니, 그가 울면서 말합니다. 자기를 늘 감싸주던 어머니가 돌아가신 후, 모두 자기를 내팽개쳤다고….

"아틸라! 술은 먹지 말아야지. 이제 너도 새 삶을 살아야 되잖아?"

내 말이 끝나자 평소 별로 말없이 빙그레 웃기만 하던 그가 참 많은 하소연을 늘어놓았습니다.

"지미마저 죽었으니, 나도 이제 끝장이야. 급식 때마다 내가 밥을 대신 받아줬는데…."

지미는 16년간 노숙자로 살았던 사람입니다. 너무 고집스럽고 더러워 사람들이 그를 똥통에 빠뜨린 적도 있습니다. 살이 문

드러지고 구더기가 생겨 마치 화상 입은 흉터 같은 피부를 지녔던 그도 2주 전에 병원에서 음식을 거부한 채 그 질긴 생명을 끝냈습니다.

"아니야! 너 아주 좋아졌어. 이렇게 말로 토해놓으니 희망이 있어. 언제든지 말해!"

그리고 오늘은 주일이니 예배드리러 가자니까, 잇몸이 곪아 퉁퉁 부은 얼굴로 자기는 너무 아파 꼼짝도 할 수 없다고 합니다. 나는 뿌시뿌시를 해주며, "이쉬텐 알죤(하나님의 축복)!"을 빌어줬습니다. 그리고 교회에 데려갈 또 다른 노숙자들을 찾아 걸음을 옮기는데 그가 나를 부릅니다.

"커티!"

순간 고개를 돌려 그를 본 나는 그의 얼굴에서 예수님의 얼굴을 보았습니다.

"고마워! 내 얘기 들어줘서."

그것이 그에게서 들은 마지막 인사였습니다. 다음 급식 날, 주변 노숙자들이 알려줍니다.

"아틸라, 죽었어."

지금 이 글을 쓰고 있는 내 마음 깊이 메아리가 울립니다.

"커티! 고마워! 내 얘기 들어줘서."

그도 한 인간으로 존중받고 싶었을 것입니다. 지금은 내가 그에게 말하고 싶습니다. '그래, 아틸라! 고마워! 눈물 나게 고마워!' 왜냐하면 나도 존중받고 싶기 때문입니다.

아틸라가 무의식 상태에 있을 때도 우리 부부는 그를 많이 돌봤습니다. 알코올 중독으로 쓰러진 그의 몸은 퉁퉁 부어 무거웠습니다. 게다가 오줌똥을 싸서 온몸이 오물투성이였습니다. 그를 들어올려 팬티, 양말, 바지를 모두 갈아입혔습니다. 너무 무거워 주변 노숙자들로부터 도움을 받아야 했습니다.

아틸라는 어머니의 죽음으로 충격을 받아 정신 이상이 생겼고, 그 뒤 아내로부터도 버림받아 떠돌이로 지내다 부다페스트 남부역까지 흘러왔습니다. 그 무렵부터 우리와 만났던 그는 두 차례나 병원에 실려가 입원을 했고, 그때마다 우리 부부는 병문안을 갔습니다. 그런데 그의 유일한 친구인 지미의 죽음이 또 충격이 되었는지 그도 노숙자 생활 2년 만에 그렇게 가고 말았습니다.

그래도 우리 노숙자들 중에 거리의 교회나 소금과빛 개혁교회에서 헌금을 한 사람은 아틸라밖에 없었습니다. 수의과를 나와 경기장에서 말을 돌보았던 그가 정신병이 생겨 일을 못하자 지체장애자 연금이 조금 나왔는데, 그것을 노리는 사람들이 참 많았습니다. 착해서 이용도 많이 당하고 도둑도 맞았는데, 예배 때 양말 속에 구겨넣었던 돈 2천 포린트(약 7달러)를 헌금한 것입니다.

아틸라가 선한 미소를 지을 때는 언뜻 그 얼굴에서 예수님의 음성을 듣는 것 같았습니다. ‘고맙다! 지극히 작은 자 하나에게 한 것이 곧 내게 한 것이야’(마 25:40).

그런데 그마저 갔습니다. 이제 부다페스트 남부역에 진치고 있던 노숙자들 중 가장 비참했던 자들, 엘러, 지미, 아틸라는 죽었습니다. 남부역은 우리가 예배를 드리며 급식하는 거리 교회의 출발지이자 가장 중점적인 곳입니다. 그러나 지금은 아주 많이 변했습니다.

20여 명의 노숙자들이 쓰레기장에서 주워온 이불을 무덤처럼 덮고 아귀다툼을 하며 자던 곳은 이제 깨끗이 정돈되어 여러 가게가 들어섰습니다. 경찰들도 쫓아내지 못하여 묵인해주던 노숙자들의 아지트, DDT(살충제의 한 종류)가 하얗게 뿌려지고 오줌 지린내가 코를 찌르던 곳이 몰라보게 새로워졌습니다.

이렇게 변한 것은 우리의 노력, 아니 주님의 사랑, 하나님의 말씀이 역사한 것입니다. 다른 역은 매주 한 번씩 갔으나 남부역에서는 일주일에 두 번, 화요일과 금요일마다 거리의 교회로 예배를 드리고 급식을 했습니다. 또 수시로 가서 뿌시뿌시 해주며 옷을 갈아입히고 돌봄으로써 그들을 노숙하며 살도록 내버려두지 않았습니다.

그들이 “나 지금 일하고 오는 중이야” 하며 자랑스럽게 말하면 얼마나 감사한지 모릅니다. 광고지를 나눠주는 일, 청소, 심지어 구걸하는 것도 일입니다. 우리는 "와우! 치노쉬, 죠노류, 티스타 버지!" 하고 대답합니다. "와우! 넌 멋있어, 훌륭해, 깨끗해졌어"라는 뜻입니다. 그들은 모두 이렇게 조그만 변화에도 알아주기를 원합니다.

솔직히 말해서 나는 진짜 뿌시뿌시 하기가 싫었습니다. 양 뺨을 대고 뽀뽀 소리를 내며 하는 포옹인 뿌시뿌시를 할 때면, 남자들 입김에서 시궁창 냄새가 나고, 이가 옮고, 그들의 수염과 털에 묻은 기름진 국물이 내 얼굴에 묻어서 정말 싫었습니다. 그래서 남편 홍부 선교사에게 뿌시뿌시는 여자 노숙자들에게만 해줘야겠다고 투덜댔습니다. 그럴 때면 그가 말합니다.

"여보! 그게 우리 툴(Tool)이잖아?"

신기한 것은 뿌시뿌시를 안 하면 그 사람을 향한 간절함이 사라집니다. 그 사람이 소중하게 느껴지지 않습니다. 그러나 몸을 쳐서 복종하여 뿌시뿌시를 하는 그 순간 서로 느낍니다.

'난 당신을 존중합니다. 당신도 하나님의 형상을 따라 지음 받았으니까.'

어떤 사람은 우리가 뿌시뿌시 하니까, 없는 향수 대신에 어디서 났는지 화장실 방향제를 몸에 뿌리고 오기도 합니다. 곤혹스럽지만, "햐~ 요 일러뜨(좋은 냄새네)!"라고 말합니다. 그러면 그들은 흐뭇한 미소를 짓습니다. 우리가 존중하는 만큼 존중받으려고 노력하는 사람이 되어갑니다.

단순하고 순수한 사람들. 그들 중에 우리의 동역자, 사역자로 길러지는 사람이 많이 생기면 좋겠습니다. 지금은 비록 불편한 몸으로 돕겠다고 나서다가 찬양 가사를 띄우는 모니터 받침대도 깨고, 밥솥도 찌그러뜨리고, 커피보온기도 못 쓰게 만들지만 말입니다.

거룩하게 입맞춤으로 모든 형제에게 문안하라 살전 5:26

신약성경을 찾아보니 '입맞춤'이란 말이 여섯 번 나옵니다. 홍부 선교사가 말하기를, 그때(초대교회)는 영화 〈쿼바디스〉에서처럼 언제 순교할지 모르니까 마치 마지막 인사를 나누듯 절박하고 거룩하게 문안 인사를 한 것이라고 합니다.

주의할 것은, 가룟 유다처럼 배반의 입맞춤이 되지 않도록 서로 존중하고, 격려하는 문안이 되기를 바랍니다.

2부

하나님의 마음으로:
당신을
품습니다

거리의 교회 노숙자들과 드리는
성찬 예배

유리방황하는 한 영혼이 법과 제도보다 귀하다고 확신하며,
목사의 양심을 걸고 스스로도 몇 번씩 물어보았습니다.
'성찬에 관한 나의 관점이 타당한가?'

그날은 고난 주간의 '성 금요일'이었습니다.

노숙자 형제자매들과 함께 남부역 거리의 교회에서 성찬 예배를 드렸습니다. 이들에게 "이제 술 그만 드시라"고 권면하였더니 나(홍부 목사)에게 되물으며 말합니다.

"맨 정신으로 이 땅바닥에서 잘 수 있겠는가? 당신도 여기서 하룻밤만 자보라!"

나는 잠시 할 말을 잃고 목사 체면에도 불구하고 더듬거리며 대답했습니다.

"잠자기 전에만 적당히 마셔라!"

오늘도 거리의 교회 예배에 참여한 그들을 보니 취중에 있는 사람들이 많았습니다. 찬양을 인도하는 내 옆으로 다가온 가보르는 몸을 가누기 힘들 정도로 취했는데도 큰 소리로 얼마나 열심히 엇박자 찬양을 하는지! 졸지에 보조 인도자가 생겼습니다. 나는 그를 말릴 생각이 없었습니다. 오히려 목소리가 대단히 좋다고 칭찬해줬더니, 부다페스트의 오페라하우스 무대에 선 가수처럼 더 크게 찬양을 부릅니다.

지난 금요일에는 예배 중에 집시 여자를 폭행하며 방해를 많이 했던 산도르도 오늘은 바로 내 코 밑에서 나무박스에 앉아 열심히 찬양합니다. 우리가 가져간 복음 전단지와 찬양곡집이 바닥에 떨어질 때마다 자리에서 일어나 재차 주워올려 제자리에 놓아주기도 합니다. 예배 중에 나는 빵과 포도주를 들고 그들을 성찬으로 초대하였습니다.

"이것은 나의 몸이니…. 이것은 나의 언약의 피니…."

그들이 여기저기 앉았던 자리에서 일어나 내 가까이로 우르르 모여듭니다. 나는 취중에 있는 자는 성찬의 자리에 참여하지 말기를 권면하였습니다. 나는 다만 성찬의 소중함과 축복, 마음의 구별됨을 말하였습니다. 이 성찬에 참여하는 것은 그리스도를 구주로 믿는 모든 성도에게 있어서 선택이 아닌 주님의 명령이며, 예수님이 다시 오실 때까지 주님을 기념하여 이것을 지켜야 한다고 하였습니다.

너희가 이를 행하여, 나를 기념하라! 눅 22:19

그럼에도 불구하고 그들 중 어떤 사람들은 취중에 비틀거리면서도 성찬에 동참하였습니다. 나는 더 이상 그들을 만류하지 않았습니다. 나는 그들을 오히려 격려하고 기도해주었습니다. 그들은 태어난 지 얼마 되지 않아서 거의 다 관습법으로 유아세례를 받았을 것입니다. 한 번 받은 세례를 두 번, 세 번 줄 필요는 없으니 단 한 번 받은 세례의 중요성과 믿음의 고백에 대해서 가르칩니다. 그러나 그들은 성년이 되어 입교식을 거쳐야 교회의 정식 일원이 됩니다. 그것은 거리의 교회도 마찬가지입니다.

물론 가톨릭교회에서 받은 영세에 대해서는 먼저 상담을 받고 그 차이점에 대하여 설명합니다. 그리고 상담 이후 그들이 다시 세례를 받기 원한다면 그들에 한해 세례를 베푼 적도 있습니다.

나는 세례나 성찬에 관한 나의 관점에 대해 누구라도 판단을 한다면 얼마든지 비판받을 준비가 되어 있습니다. 유리방황하는 한 영혼이 법과 제도보다 귀하다고 확신하며, 목사의 양심을 걸고 스스로에게 몇 번씩 물어보았습니다.

'성찬에 관한 나의 관점이 타당한가?'

성찬을 받으면서 눈시울이 뜨거워지는 그들을 보며 나는 더 확신하게 됩니다. 내 안에 계시는 예수님도 '내가 기뻐한다'고 하시는 것 같았습니다.

지난번에 오늘의 성찬 예배를 돕기로 약속했던 아틸라가 보

이지 않아 찾으러 다녔더니, 역 뒤편 계단 아래 후미진 곳에 웅크
리고 있었습니다. 때와 흙과 상처의 피가 꾸덕꾸덕 굳어 층을 이
룬 청바지 아래로는 땅바닥에까지 흘러내린 오줌으로 냄새가 진
동했습니다. 나는 가까이 가서 그를 몇 번 흔들어 깨우다가 더 이
상 깨우지 못했습니다. 이것이 나의 한계입니다.

여자 노숙자인 일로나는 남편을 잃은 충격으로 삶의 의욕을
상실한 채 3일 동안 일어나지 않았습니다. 며칠 전에 죽은 노숙자
3명 중에 그녀의 남편도 있었던 것입니다. 한쪽 구석 맨바닥에 편
이불 속에서 누가 설득해도 꿈쩍 않던 그녀가 내가 가서 "일로나,
일로나!" 하고 부르니 눈을 뜨고 나를 보며 눈물만 흘립니다.

"예수님 믿지?"

내일은 병원에 가기로 약속하고 성찬에 초대했습니다. 십자
가 상에서 죽으시기 직전에 베풀어주신 주님의 성찬! 주님의 몸
과 피, 그 희생을 기억하면, 예배가 좀 늦어지더라도 아틸라 같은
사람에게 다가가 닦아주고 옷을 갈아입혀 성찬 예배에 초청했어
야만 했는데…. 나의 자책감은 자꾸만 회개로 바뀌어갑니다.

…받아서 먹으라 이것이 내 몸이니라 하시고… 너희가 다 이것
을 마시라 이것은 죄 사함을 얻게 하려고 많은 사람을 위하여
홀리는 바 나의 피 곧 언약의 피니라 마 26:26-28

남부역 '거리의 교회' 예배와 성찬식.

눈물로 돌아온
목사

이전의 김 목사는 십자가 상에서 예수님과 함께 죽었습니다.
거리에서 여러분을 섬기면서부터
영혼들을 위해 심부름만 하는 주의 종으로
새롭게 거듭났습니다.

"김 목사님은 헝가리어가 능수능란하지는 못하지만, 참 좋은 목사입니다."

하하하! 모두 동의한다는 듯 폭소를 터뜨렸습니다.

"처음 교회를 개척한 1년간은 성도들이 적었습니다. 그때는 가장 많이 나온 날도 15명이 고작이었는데, 오늘 이렇게 가득 모여 함께 예배드리니 참 감개무량합니다."

안드레아는 눈물을 흘리며 말했습니다. 옆에는 남편 야노시와 두 딸 허이니와 툰데가 나란히 서 있었습니다.

2년 전, 처음 교회를 개척할 때 자원해서 돕기로 나섰던 그들 부부는 충성된 사람들이었습니다. 철학의 도시 아덴(아테네)에서 전도 실패로 많은 실망을 안고 고린도에 왔던 바울에게 함께 천막을 만들며 큰 용기를 줬던 선교의 동역자 브리스길라와 아굴라 부부 같았습니다.

나는 헝가리 선교사로 가족과 함께 1991년 6월 11일 부다페스트에 도착한 후 3년간은 헝가리어를 배우면서 미국인 선교사들을 관찰했습니다. 또 미국인, 헝가리인 동역자들과 함께 캠퍼스 사역에 동참하면서 조금씩 선교를 경험했습니다.

그 후 미국으로 건너가 사역을 병행하면서 신학대학원을 졸업하고 목사 안수를 받았고, 타문화적응훈련(Cross Cultural Training)을 받은 뒤 다시 선교지로 돌아오기까지 5년이 걸렸습니다. 그때가 1999년 3월이었고, 그 후 우리 부부가 커뮤니티 사역으로 가정 세미나를 할 때 참여한 부부가 바로 야노시와 안드레아입니다.

18세에 결혼하여 30대가 된 안드레아는 그때 한창 힘든 시기였는지 세미나에서 받은 은혜를 감사해하며 '다이어몬드 비둘기'라는 몸에 흰 점이 박혀 있는 조그만 비둘기 한 쌍을 새장째 우리에게 선물했습니다. 우리 집에 머문 사람들은 그 새소리 때문에 꼭 숲속에 온 것 같다고 말하기도 했습니다.

그 후 목요일마다 그 가정에서 꾸준히 성경공부를 하던 중 그들의 가정이 많이 변화되었고, 그들의 두 딸 허이니와 툰데도 사춘기를 말씀으로 이겨낼 수 있었습니다. 더구나 성경공부를 통해 배운 말씀을 이웃과 자신의 교회 성도들을 초대해서 똑같이 나눈다고 하니 참 놀랍고 감사했습니다.

우리가 헝가리 선교사로 온 지 10년 만인 2001년에 '헝가리 및 동유럽 단기선교'를 시작했는데, 그때부터 안드레아는 매해 모든 섭외과정을 도와주곤 했습니다. 그렇게 몇 년이 지나는 중에 교회 개척 얘기를 하자, 오히려 기다렸다는 듯이 발 벗고 나서 주었습니다.

예배당에 커피포트도 사다놓고, 겨울에는 중고품이지만 라디에이터도 큰 것으로 갈아놓고, 예배 후 성경공부를 위해 나의 아내가 점심을 준비하면 그녀는 디저트로 케이크를 구워오곤 했습니다. 그들이 있었기에 개척 초기의 많은 어려움도 이겨나갈 수 있었습니다.

교회 개척 후 1년간을 그렇게 열심히 섬긴 그들 가족이 자기 모교회로 돌아갈 때는 너무 마음이 아프고 아쉬웠습니다. 그런데 교회 개척 2주년을 맞아 드리는 감사 예배 때 다시 와서 개척 초기에 겪었던 간증을 하며, 예배 도중 계속 눈물을 흘리는 모습에 나도 목이 메었습니다.

그들이 더 감동했던 것은 우리 교회의 양적 부흥보다 모인 성도들이 대부분 노숙자들이라는 것 때문이었습니다. 그들 중에는 지체가 부자유한 사람들도 여럿 있었습니다. 그런 모습을 보고는 그동안 우리가 어떻게 선교했는지 짐작이 갔나 봅니다.

목사인 나의 변화에도 큰 충격을 받은 듯했습니다. 나는 그날 하나님의 은혜와 사랑에 계속 눈물이 났고, 복음 안에서 새로 태어난 목사로 뜨겁게 말씀을 선포했습니다. 우리 소금과빛 개혁교회의 개척 2주년을 맞아 새로운 비전도 간절히 제시했습니다.

진정 눈물로 돌아온 사람은 '안드레아' 가족이나 성도들이라기보다 바로 나 김홍근 목사였습니다. 강단에 선 목사는 얼굴과 이름은 이전과 같지만, 속사람은 바뀌어 있었습니다. 달라진 목사가 말했습니다.

"이전의 김 목사는 십자가 상에서 예수님과 함께 죽었습니다. 거리에서 여러분을 섬기면서부터 그리스도의 사랑이 얼마나 나를 강권하시는지요! 죄 많고 권위적이었으며, 기도의 용사인 양 교만했고, 감동과 감격 없이 익숙해진 사역을 했던 이 목사를 주님은 영혼들을 위해 심부름하는 주의 종으로 새롭게 만드셨습니다.

성도의 눈물을 닦아주면서 그들과 함께 울고 안아주며 상처를 싸매주고 눈물의 성수로 세례를 베풀며 영혼을 치료하는 복음만 전하는 주의 종으로 바꾸셨습니다. 이제 기도하려고만 하면 심장이 터질 듯한 감격에 눈물이 쏟아집니다. 내 적은 용량의 심장에 그 엄청난 주님의 사랑을 담았으니 터지는 게 당연하지요. 이제 흘러내리는 그 사랑을 나누겠습니다."

헬라인이나, 야만인이나, 지혜 있는 자나, 어리석은 자에게, 다 우리 소금과빛 개혁교회는 점점 국제적인 노숙자 교회가 되어가고 있습니다. 헝가리인 집시, 헝가리계 루마니아인 집시, 헝가리계 우크라이나인 집시, 폴란드인, 독일인 노숙자 등. 매주 새로운 사람들이 교회에 와서, 일을 얻어 떠나는 사람들의 자리를 메꿔주곤 합니다.

주일날이면 교회가 예배당뿐 아니라 식당, 목욕탕, 세탁소, 이발소, 보건소가 되니 시끌벅적 전쟁을 치르는 모습입니다. 그러다 그들이 돌아갈 때는 마치 살아남은 병사들이 상한 몸과 마음을 여미고 서로 부축해주며 웃으면서 돌아가는 희망의 귀환 길 같습니다.

머리와 옷에 온통 이가 버글대는 그들이지만 껴안아주면서 양 볼을 부빌 때마다 더욱 인간미가 흘러넘쳐 나는 나대로 감사하는 마음과 목자로서의 기쁨을 느낍니다. 물론, 그들에게도 목자의 사랑이 전달되는 것 같습니다.

가족이나 아주 가까운 사람들끼리 나누는 헝가리 인사법이 바로 이 '뿌시뿌시'입니다. 그것은 서로 포옹하며 양쪽 뺨에 입을 맞추면서 뽀뽀 소리를 내는 것인데, 우리는 한 번 더 해서 세 번을 '뿌시뿌시' 합니다. 그 이유는 바로 삼위일체 되신 주님의 이름으로 서로를 사랑하기 때문입니다.

"성부와 성자와 성령의 이름으로, 당신을 사랑합니다."

처음에는 주님께서 이만큼은 우리에게 옳지 않도록 보이지 않는 차단 망을 쳐주신 줄 알았는데, 결국 옳고 말았습니다. 하지만 드디어 한 가족이 된 기분입니다. 그들의 눈물을 씻기기 위해서는 그들보다 더 많은 눈물을 흘리는 목자가 되어야 할 것 같습니다.

노숙자 형제들의 눈에서 떨어지는 눈물도, 이제는 한이나 원망이 아니라 그리스도 안에서 거듭나는 은혜의 눈물이 될 것입니다.

> 그런즉 이제는 내가 사는 것이 아니요 오직 내 안에 그리스도께서 사시는 것이라 이제 내가 육체 가운데 사는 것은 나를 사랑하사 나를 위하여 자기 자신을 버리신 하나님의 아들을 믿는 믿음 안에서 사는 것이라 갈 2:20

교회 개척 멤버인 야노시·안드레아 부부와 그들의 두 딸 허이니와 툰데.

나는 쇠해야 하고,
주님! 당신은 그들 속에 흥하소서!

내가 아직 다 쇠하기도 전에 그들의 변화를 조금씩 보다니!
그것은 바로 주님의 은총입니다.
그들 속에 주님이 꿈틀꿈틀 흥하고 계심을 봅니다.

오늘 새벽, 무릎을 꿇고 성경을 읽는 중에 "그는 흥해야 하겠고, 나는 쇠하여야 하리라"(요 3:30)는 말씀이 눈에 띕니다. 물론 이것은 세례 요한이 예수님에 대하여 한 말입니다. 이제 내가 주님께 말할 차례입니다.

'주여! 나는 쇠해야 하고, 당신은 흥하소서!'

내가 쇠해야 한다면, 우리 노숙자 성도들을 더이상 섬기지 못하는 나의 목회 양심으로 인하여 애통해하고 마음이 찢어지지 않겠습니까? 22년간이나 집에서 자본 적이 없는 사람, 동상으로 두 발이 잘린 뒤에도 여전히 노숙하는 사람…. 그들의 파란만장한 삶을 보면 가슴이 찢어집니다.

그런데 내가 아직 다 쇠하기도 전에 그들의 변화를 조금씩 보다니! 전지전능하신 주님의 은총입니다! 그들 속에 주님이 꿈틀꿈틀 흥하고 계심을 보여주는 증거들이 참 많습니다.

지난 금요일 거리의 교회 예배 때 일입니다. 내가 설교 중에 "나도 죄인입니다"라고 했더니 갑자기 요셉이 큰 소리를 지릅니다.

"당신은 너무나 귀엽습니다(어라뇨쉬)!"

'목사가 귀엽다고?' 집에 돌아오는 길에 아내가 말해줍니다.

"그 요셉 말이에요. 함께 찬송할 때 그의 얼굴에서 눈물 줄기가 줄줄 흘러내려 내가 티슈로 눈물을 닦아주는데, 나도 덩달아 눈물이 나는 거예요. 그 얼굴이 얼마나 딱딱한지 마치 바윗덩이 같았거든. 벼랑에 선 절망, 그 끄트머리에서 한없이 추락하는 한 줄기 폭포 같은 눈물이었어요."

지난 주일 강단에 선 나는 예배당에 들어서는 아틸라를 보고 너무 놀랐습니다. 예배 시간이 되어 아내가 신디사이저로 찬송가 〈나같은 죄인 살리신〉을 나지막이 반주하고, 내가 '예배로 부르심'을 선포하려는데, 그가 개선장군처럼 나타났던 것입니다. 큰 덩치에 환한 미소를 지으며 예배당 안으로 자랑스럽게 성큼성큼 걸어 들어왔습니다.

달려가 그를 껴안고 뿌시뿌시를 수십 번 해주고 싶었습니다. 그가 스스로 대중교통을 이용하여 교회에 들어서다니! 그가 자기 발로 주일 예배에 왔다는 것은 우리 내외에겐 충격적인 기쁨이었습니다. 심한 알코올 중독으로 술에 절어 있는 그에게 우리 부부가 늘 그랬습니다.

"아틸라! 하나님이 널 사랑하셔. 술은 널 사랑하지 못해."

그 다음 날인 월요일 저녁 무렵에 남부역에 가니 그가 우리 내외를 맞으며 밴으로 와서 음식을 날라주었습니다. 몸이 불편한 지미, 러요쉬 할아버지, 산도르에게 먼저 국을 날라주고 자신은 나중에야 먹었습니다. 이가 또 번져 지난번에 아내가 이발을 해 줬는데도 수염이 다시 덥수룩이 자랐지만, 키 큰 야노시랑 목욕 하고 왔다면서 깨끗한 차림을 자랑했습니다. 한때 그를 지배하던 불신과 원망의 가시가 다 벗겨져 환한 미소를 되찾은 모습을 보 니, 주님의 얼굴을 대하는 것 같았습니다.

아! 이제 아틸라가 집으로 돌아가도록 도와야 할 때가 온 것 같습니다. 부다페스트에서 2백 킬로미터 떨어진 곳에 그의 고향 마을이 있다고 했습니다. 그는 암에 걸려 혼자 사시는 그의 아버 지에게 가고 싶어했습니다. 하루 시간을 내서 그를 차로 데려다 줄 날이 오기를 기도합니다.

우리 교회의 부흥은 성도들이 떠나가는 것입니다. 숫자가 줄 어드는 것입니다. 직장을 얻어 떠나고, 가족이 있는 가정으로 돌 아가고, 노숙자 생활에서 훌훌 벗어나는 것. 그래서 우리 거리의 교회와 소금과빛 개혁교회의 성도들은 매주 여러 명이 바뀝니다. 한동안 일을 얻어 떠났던 사람들이 다시 돌아오면 무척 반갑지만, 한편 마음이 무거워집니다. 노숙자를 못 벗어났구나 하는 걱정이 앞섭니다.

하지만 나는 쇠하는 자로 그들 속에서 예수님이 흥하기까지 그들 곁에 있기를 원합니다. 우리 노숙자 성도들이 아직 덜 쇠한 나의 어깨를 밟고 건너가 건강한 또는 정상적인 유숙자가 되기를!

'나는 계속 쇠하여야 합니다. 주님! 당신은 그들 속에 흥하소서! 아틸라, 그렇게 당당히 들어섬을 축하한다! 아버지 집에 들어가 너보다 더 어렵고 힘든 사람을 섬기는 자가 되기까지 내가 옆에 있어줄게. 아틸라! 사랑한다!'("하루하루가 내겐 선물이야"라고 말할 만큼 좋아졌던 그가 다시 이전 상태로 악화되어 결국 고향에 계신 아버지 집에는 돌아가지 못했지만, 그는 서른여덟 해의 생을 마감하고 우리의 본향 하나님 아버지 집으로 갔습니다. 그를 추모하며…)

참 힘들었던 만큼 많은 감동을 주고 떠난 아틸라.

찬송의 외투로
그 근심을 대신하소서!

'가죽옷'은 내 과거의 옷이었고
'낙타털 옷'은 내 현재의 옷이며
'흰 옷'은 내 미래의 옷입니다.

오늘 새벽기도 시간에 말씀을 읽다가, '옷'이라는 단어를 두고 한참 동안 묵상에 잠겼습니다.

무릇 시온에서 슬퍼하는 자에게 화관을 주어 그 재를 대신하며, 기쁨의 기름으로 그 슬픔을 대신하며, '찬송의 옷으로 그 근심을 대신하시고' 그들이 의의 나무 곧 여호와께서 심으신 그 영광을 나타낼 자라 일컬음을 받게 하려 하심이라 사 61:3

찬송의 옷으로, 요즘 같이 추운 계절엔 찬송의 외투로…. 며칠 전 아내가 겨울 점퍼를 내오면서 말했습니다.
"당신은 이것 있으니, 새 점퍼는 우리 성도 줍시다."
그 점퍼는 작년 겨울에 새벽기도를 하다가 소매가 옆의 라디에이터에 닿아 타는 바람에 그만 못 입게 된 옷입니다. 무릎을 꿇고 몸을 앞뒤로 흔들면서 기도하는 습관이 있는 데다 신경이 둔한 편이라 나는 옷이 타는 줄도 몰랐습니다. 그 옷은 한국에 계신 아버지가 입으셨던 것인데, 투박하기는 해도 매우 따뜻하여 장남인 내게 주신 것입니다. 그런데 한쪽 소매의 반 이상이 타는 바람에 오리털이 삐져나와 입지 못하게 된 것입니다. 지붕 밑 창고에 넣어둬 그동안 잊고 있었는데, 아내가 그 소매에 팔 길이만 한 천을 대어 꿰맨 것을 내게 보여주며 그렇게 말했던 것입니다. 꼭 팔토시 같았습니다. 멋대로 꿰맨 모양을 본 아들이 웃음을 참을 수 없어 합니다.

"그렇게 해요! 그런데 그 꿰맨 부분이 색깔도 달라서 밖에 나갈 땐 못 입겠다."

한편 그 새 점퍼는 아들이 중국인 친구 레이의 집에 초대받아 가서 선물로 받은 것입니다. 헝가리 노숙자들은 신기하게도 옷에 대해서만큼은 성별을 엄격히 따지고, 조금만 취향에 맞지 않아도 안 입습니다. 그러니 꿰맨 내 점퍼는 입으라고 줘도 분명히 가져가지 않을 것입니다.

요사이 날씨가 추워져서 새벽기도 시간엔 꼭 이 점퍼를 입는데, 덤으로 아버지의 체온까지 느끼며 기도하니 감사할 뿐입니다.

성경에는 '옷'이란 말이 540번 나오는데, 나는 그중에서도 다음 세 구절에 나오는 '옷'이 참 감동적입니다.

- 여호와 하나님이 아담과 그의 아내를 위하여 '가죽옷'을 지
  어 입히시니라

- 이 요한은 '낙타털 옷'을 입고…

- 큰 환난에서 나오는 자들인데 '어린 양의 피에 그 옷을 씻어
  희게' 하였느니라

이 '옷'들이 특별히 감동적인 이유는, 내가 말씀을 직접 체험
했기 때문입니다. '가죽옷'은 내 과거의 옷이었고, '낙타털 옷'은
내 현재의 옷이며, '흰 옷'은 내 미래의 옷입니다.

내 과거와 현재, 그리고 미래의 옷에 대한 간증을 나누려 합
니다. 동국대학교 연극영화학과 3학년 때, 첫 주연을 맡은 나는
열심히 연극 연습을 했습니다. 그런데 5·18 광주 민주화운동이
일어나면서 계엄령으로 대학들이 휴교가 되자 공연이 무산되어
버렸습니다. 좌절 속에 몸부림치고 있던 중 친구가 선배를 만나
러 가자고 해서 나갔다가 한 집회에 참석하게 되었습니다. 그것
은 여의도 광장에서 열린 1980년 세계복음화대성회였습니다. 그
집회 마지막 날 밤 김준곤 목사님이 선교에 대한 비전과 도전을
격려하실 때 나도 언젠가 선교사가 되기로 결단한 후, 밤새 울고
뒹굴면서 회개 기도를 했습니다.

그 밤이 지나고 동이 틀 때 여의도 광장의 아스팔트 위에서 맞이하는 아침 햇살은 바로 '하나님께서 내게 입혀주신 가죽옷'이었습니다. 그 가죽옷은 '용서와 구원의 옷'입니다.

나는 낙타털 옷을 입고 광야의 외치는 자였던 세례 요한을 한동안 이해하지 못했습니다. 자기에게 오는 예수를 보고, "보라 세상 죄를 지고 가는 하나님의 어린 양이로다"(요 1:29)라고 했던 사람이, 어떻게 바람에 흔들리는 갈대처럼 "오실 그이가 당신입니까? 우리가 다른 이를 기다려야 합니까?"(마 11:3)라는 질문을 할 수 있을까요?

하루는 내게 퍼뜩 깨달음이 왔습니다. '아, 그도 몹시 근심했구나! 옥에 갇혀 곧 참수를 당할 거니까.' 그런데 그가 찬송의 옷으로 그 근심을 대신하고 기꺼이 순교의 자리에 나갈 수 있게 된 것은, 바로 예수님의 답변 때문이었습니다.

> … (세례 요한은) 선지자보다 더 나은 자니라… 그가 네 길을 네 앞에 준비하리라 하신 것이 이 사람에 대한 말씀이니라… 여자가 낳은 자 중에 세례 요한보다 큰 이가 일어남이 없도다 그러나 천국에서는 극히 작은 자라도 그보다 크니라 마 11:9-11

더 놀라운 것은 "그러나 천국에서는 극히 작은 자라도 그보다 크니라” 하신 예수님의 말씀입니다. 이 말씀을 깨달은 후, 나는 아내와 그 말씀을 나누었고 우리는 어떤 사람도 부러워하지 않게 되었습니다. 한국에 또는 세상에 어떤 훌륭한 목회자, 선교사가 있다 해도 세례 요한보다는 크지 않을 것입니다. 낙타털 옷은 사명의 옷이자 내 현재의 옷입니다.

주님은 “지극히 작은 자 하나에게 한 것이 곧 내게 한 것이니라”(마 25:40) 하셨고, “가난한 자에게 복음이 전파된다 하라”(마 11:5) 하셨으니 저는 그 말씀을 따르는 충성된 종이기를 바랄 뿐입니다.

그리고 세월이 꽤 지난 뒤, 한번은 ‘헝가리 선교사라면서 한 번도 헝가리어 성경을 통독하지 못했구나’ 하는 생각을 했습니다. 그리고 많이 회개하였습니다. 늘 설교를 위해 그날 묵상한 말씀을 읽거나 발췌해서 읽기는 했어도 통독을 못했다는 사실에 마음이 찔렸습니다. 그래서 헝가리어 성경을 하루에 대여섯 시간씩 읽어가며 넉 달이 넘게 걸려 통독을 끝냈습니다.

그 후 또 영어 성경을 통독했습니다. 미국에서 신대원을 다닐 때는 교수님의 강의를 따라가기에 급급해서 통독을 못했지만 이제라도 영어성경 통독을 해야겠다는 생각이 들었던 것입니다.

헝가리어와 영어로 성경을 통독한 후, 또 한국어로 통독을 했습니다. 그 과정이 거의 끝나갈 무렵, 요한계시록 7장 말씀 앞에 나는 멈춰설 수밖에 없었습니다.

> 각 나라와 족속과 백성과 방언에서 아무도 능히 셀 수 없는 큰
> 무리가 나와 흰 옷을 입고 손에 종려 가지를 들고 보좌 앞과 어
> 린 양 앞에 서서 큰 소리로 외쳐 이르되 '구원하심이 보좌에 앉
> 으신 우리 하나님과 어린 양에게 있도다' 하니 계 7:9-10

그 말씀이 눈에 펼쳐지면서 환희에 벅차 내가 황급히 물었습니다.

'주님! 그날 그 자리에 제가 있지요? 반드시 있어야만 합니다. 흰 옷 입고요.'

그리고 "어린 양의 피에 그 옷을 씻어 희게 하였느니라"(계 7:14)고 하셨으니, 그 흰 옷은 바꿔 입은 것이 아니라, 죄로 더러워진 옷을 어린 양의 피에 씻어 희게 된 것입니다. 할렐루야! 내가 그 날에 입을 미래의 옷입니다.

오늘도 '모든 근심을, 찬송의 외투로 덮고' 실칼만 광장으로 나갔습니다. 해가 짧아져 어둠이 광장을 뒤덮었습니다. 불빛 사이로 노숙자들이 몰려들기 시작해 둥그렇게 겹겹이 모여섰습니다. 그 자리에서 신실한 형제인 '야노시'에게 감사기도를 시켰습니다. 그랬더니 그가 주기도문을 외우기 시작합니다. 그러자 그

곳에 모인 모든 사람들이 굵고도 낮은 톤으로 엄숙하게 한 목소
리로 읊조립니다.

"하늘에 계신 우리 아버지여… 오늘도 우리에게 일용할 양식
을 주옵시고…"

주님이 가르쳐주신 기도가 그 어두워진 광장에 장엄하게 울
려퍼졌습니다.

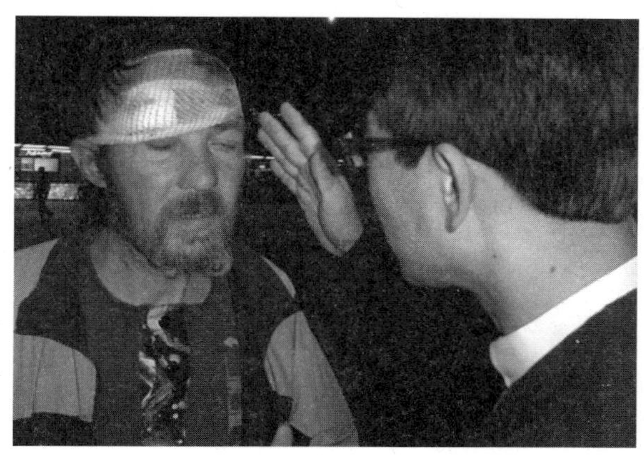

실칼만 광장에서, 알코올 중독으로 넘어져 다친 노숙자를 위해 기도해주는 흥부 선교사.

이렇게
아버지의 마음을 알아간다

주님은 이렇게 묻지 않으셨군요.
"네가 양을 사랑하느냐? 그러면 양을 먹이라!"
양에 대한 감정을 묻지 않으셨으니,
양을 사랑하거나 싫어하는 것은 아무런 이슈가 되지 않습니다.

한번은 우리 오병이어가 돌아가면서 성경을 읽다가 이 말씀
에 놀랐습니다.

또 '저의 집에 있는 교회'에도 문안하라 롬 16:5

우리 소금과빛 개혁교회가 바로 우리 집에 있는 교회이기 때
문입니다. 집주인의 아들이 예전에 차고에서 자동차 수리 일을
해서인지 차고가 넓은 편입니다. 그래서 집주인의 허락을 받아
차고를 개조해 예배당으로 사용하고 있습니다. 거리의 교회는 들
고 다니는 나무 강대상을 놓는 곳이 바로 예배당이 됩니다.

이 산에서도 말고 예루살렘에서도 말고… 영과 진리로 예배할
때가 오나니 곧 이때라 아버지께서는… 이렇게 예배하는 자들

예수님이 사마리아 여인에게 하신 말씀이 우리 노숙자들에게만 해당하겠습니까? 아닙니다. 하나님은 장소를 따지지 말고, 예배하는 자들이 영과 진리로 참되게 예배하라고 하십니다. 그래서 교회는 건물이 아니라 사람입니다. 성령이 그 안에 계시는 사람, 또 그런 사람들의 공동체가 바로 교회인 것입니다. 그래서 나는 우리 성도들에게 자주 이 말씀을 들려주었습니다.

> 너희는 너희가 하나님의 성전인 것과, 하나님의 성령이 너희 안에 계시는 것을 알지 못하느냐… 하나님의 성전은 거룩하니 너희도 그러하니라 고전 3:16-17

템플(temple)은 한 곳에 세워진 건물이지만, 거룩한 성전인 우리는 움직이는 교회입니다. 따라서 우리는 병들어 잘 움직이지 못하는 사람들에게 찾아가는 교회가 됩니다.

이제 우리는 부다페스트의 각 역을 다 껴안을 수 있게 되었습니다. 남부역(금요일), 실칼만 광장(화요일), 서부역(목요일)에 이어 동부역(월요일)까지 거리의 교회를 차려 예배드리고 급식을 할 수 있게 된 것입니다. 그리고 주일에는 우리 집에 있는 소금과빛 개혁교회 예배당에서 일용할 양식뿐 아니라 생명의 떡인 예수 그리스도를 나눠줍니다.

지난 목요일, 서부역 거리 교회로 모이는 곳에 가기 위해 지하도로 큰 밥통을 안고 층계를 내려가고 있었습니다. 그런데 그만 속수무책으로 쭈욱 미끄러져버렸습니다. 눈이 와서 미끄러운 데다, 구두굽이 닳아서 더욱 그랬나 봅니다. 위에서 아래까지 굴렀는데, 주르륵 굴러가는 그 순간에도 밥이 쏟아지지 않게 하려고 들고 가던 밥통을 가슴에 꼭 안고 놓지 않았습니다. 감사하게도 밥통도 안 깨지고 밥도 쏟아지지 않아 노숙자들에게 급식을 할 수 있었습니다.

예수님은 시몬 베드로에게 세 번씩이나 "네가 나를 사랑하느냐? 내 양을 먹이라!"(요 21:15-17)라고 말씀하시지 않으셨습니까? 내가 특별히 의로운 목사라서가 아니라, 하나님이 내게 목자의 미션을 주셨기 때문에 저는 그들을 먹이고 입힙니다. 주님은 내가 주님을 사랑하는 줄 아시니까 내게 그런 미션을 주신 것입니다.

예수님은 베드로에게 '네가 양을 사랑하느냐? 그러면 양을 먹이라'고 말씀하시지 않았습니다. 양에 대한 감정을 묻지 않으셨으니, 양을 사랑하고 싫어하는 것은 아무런 이슈가 되지 않습니다. 또 내 양이 아니라, 주님의 양을 먹이라고 하셨으니 내 마음대로 할 수 없습니다. 이것은 주님을 사랑하기 때문에 내게 부여된 미션인 것입니다.

그런데 신기하게도 아픈 양, 무리에 속하지 못하는 양에게 마음이 더 쓰입니다. 그들에게 감정이 생기고 사랑스러워집니다. 이렇게 나는 목자의 심정, 아버지의 마음을 알아갑니다.

주님! 오늘도 주님의 양인 그들을 먹이겠습니다. 예수 그리스도의 피 값으로 사신 그들을 "충성되고 지혜 있는 종이 되어, 주인에게 그 집 사람들을 맡아 때를 따라 양식을 나눠줄 자"(마 24:45)로 섬기겠습니다!

섬길수록 귀한 주님!

깨어나라!
사랑하는 사람아!

무릎을 꿇고 석고대죄 하는 마음으로 기도하는데,
눈물이 계속 흘러나왔습니다.
"주여! 한 영혼에 대한 간절한 마음과 인내로
한 사람 한 사람을 섬길 수 있게 하옵소서!"

우리 예배당에서는 석유 냄새가 좀 납니다. 약 12평 넓이의 차고를 개조했기 때문에 차량용 기름 냄새가 배어 있는 것입니다. 내가 새벽기도를 하고 와서 부엌에서 일하고 있는 아내와 인사할 때면 늘 듣는 말이 있습니다.

"기름 냄새가 많이 나네."

예배당 바닥 밑에는 이전에 차 수리를 위해 설치한 빈 공간이 있는데 그곳을 나무로 덮고 그 위에 모노륨 장판을 깔았기 때문에 바닥에 뭐가 떨어지면 공명이 되어 소리가 더 크게 들립니다.

그날 주일에도 예배 시작 전에 찬양을 하고 있는데 갑자기 물 쏟아지는 소리가 들렸습니다. 팔짱을 낀 채 빨간 후드를 머리에 뒤집어쓰고 잠이 든 한 청년의 의자 밑으로 오줌이 쏟아지고 있는 것이었습니다. 아침부터 마신 술 때문에 무의식적으로 소변을 본 것 같은데 정작 당사자는 기척이 없었습니다.

그 의자 주변의 사람들이 술렁이며 발을 들기도 하고, 각자 의자 아래 뒀던 달팽이집 같은 짐꾸러미들을 급히 옮겼습니다. 앞에서는 여전히 찬양이 진행되고 있었습니다. 허이니는 기타를 치고, 툰데는 비디오 프로젝터로 가사를 화면에 띄우고, 인턴 선교사인 인애는 신디사이저로 반주를 하고, 페리와 아그네스는 찬양 인도를 하고 있었습니다. 찬양 인도자인 졸탄 전도사와 칠라는 공휴일 연휴로 고향에 갔고, 드럼 주자 라치는 일이 있다며 오늘 못 나왔습니다.

지난번에 자기 피를 뽑아 팔았다는 야노시가 드럼을 치려 했지만, 몇 사람이 너무 크게 쳐서 오히려 방해가 된다고 그의 봉사를 만류했습니다.

아내가 밀대 걸레와 물통을 가져와서 세제를 뿌려 오줌을 닦고 걸레질을 하자, 참다못한 한 장년이 오줌 싼 청년을 끌고 예배당 밖으로 끌어냈습니다. 아내가 황급히 "내쫓지 말아요!" 하고 말했더니 그가 고맙게도 이렇게 말했습니다.

"이런 사람은 재워야 돼요. 그냥 잔디 위에 눕히려고 합니다."

그러고는 잔디 위에 골판지를 깔고 그 사람을 눕히고 들어왔습니다. 주일 예배는 진정된 분위기에서 계속 진행되었습니다. 10시부터 30분간의 찬양 시간이 끝나고, 내가 예배의 부르심을 선포했습니다.

수고하고 무거운 짐 진 자들아 다 내게로 오라 내가 너희를 쉬게 하리라 나는 마음이 온유하고 겸손 하니 나의 멍에를 메고 내게 배우라 그리하면 너희 마음이 쉼을 얻으리니, 이는 내 멍에는 쉽고 내 짐은 가벼움이라 마 11:28-30

예배가 끝나고 급식 시간이 시작되었을 때, 나는 찬양 시간에 오줌을 쌌던 그 사람을 깨워서 아내와 함께 집 안으로 데려와 옷을 갈아입혔습니다. 잔디 위에서나마 며칠분의 잠을 잤나 봅니다.

"넌 참 훌륭하게 생겼어. 하나님이 널 창조하셨고, 하나님 아버지께서 널 사랑하신단다."

그는 집시와 헝가리인의 혼혈로, 백인과 다를 바 없는 건장한 서른두 살의 청년이었습니다. 칭찬을 듣더니 눈물을 감추려는 듯 눈을 비볐습니다.

그런 그에게 "이브레디 펠!(Ebredj Fel, 깨어나라)" 했더니, 눈물을 닦으며 고개를 끄덕였습니다. 씩씩하게 교회 문을 걸어나가는 그를 축복하며 전송했습니다.

급식 후, 열심히 봉사했던 허이니와 툰데 자매가 우리에게 항의성 발언을 합니다.

"그 사람, 누가 데려온 거예요?"

"응! 내가. 우리 밴에 탈 땐 괜찮았어"라고 아내가 말했습니다.

"그땐 괜찮았겠죠. 하지만 전체를 생각해서 그런 사람은 태워오지 마세요."

두 자매가 많이 자라서 열심히 교회를 섬기는 모습을 볼 때마다 우리 부부는 대견스럽습니다.

주일 예배가 끝나고 급식과 이발, 옷 배급을 다 마친 후 봉사자들까지 다 돌아간 뒤에 우리 부부는 산책을 하며 그날 있었던 일들에 대해 나눴습니다. 아내가 말했습니다.

"여보! 그때 오줌이 바닥에 얼마나 '흥근'했는지 알아요?"

"왜 또 하필 내 이름을⋯ 발음 좀 잘해! 흥건히⋯."

내가 흥분해서 말했습니다. 우리는 그렇게 웃으면서 동네를 한 바퀴 돌고 왔습니다. 단풍이 물든 담쟁이를 보고 감탄도 하면서⋯.

교회에, 또 주일 예배에는 여러 모양을 한 사람들이 옵니다. 또 언젠가 예배가 끝나갈 무렵에 한 사람이 비틀거리며 예배당에 들어왔습니다. 그는 마약을 했는지 초점이 없는 눈동자에 등에는 짐까지 잔뜩 짊어져서 자꾸 뒤로 넘어질 것처럼 위태롭게 보였는데, 까만 개까지 데리고 있었습니다. 조그만 예배당에 문을 활짝 열어놓았으니 그가 들어오는 모습이 다 보였습니다.

예배 마지막 순서인 축도를 앞두고 헝가리 국가를 부르는 시간이 되었습니다.

"이것은 국가를 위한 기도입니다. 애국가를 부르겠습니다."

"하나님이여! 헝가리를 축복하소서(이쉬텐 알드멕 어 머자르트)."

그때 그가 눈물을 닦으면서 노래를 부르는 모습이 내 눈에 들어왔습니다. 나중에 갈 때 보니, 영리한 개가 주인이 두 발을 앞으로 내딛다가 한 발 뒤로 휘청거릴 때마다 기다려줍니다. 우리 부부는 그와 개가 돌아가는 모습을 신기하게 바라보았습니다. '30분이면 올 길을 두 시간이나 걸려서 오느라 늦었구나' 생각하니, 감동스럽기까지 했습니다.

우리 교회 성도들 중에는 돈을 요구하는 사람들도 한둘이 아닙니다.

"천 포린트(약 4천 원) 좀 꿔줘!"

내가 아끼는 카르치한테서 돈 얘기가 나오니, 좀 실망스러웠습니다. 사실 나는 돈을 한 푼도 갖고 있지 않습니다. 아내가 나는 영적인 일에만 집중하라고 그런 일은 자신에게 다 맡기도록 했기 때문입니다. 나의 거절에 상처를 입었는지 그의 얼굴이 우울해 보였습니다. 늘 열심이던 그가 불만스러운 얼굴로 내내 서성거렸습니다. 내가 사역을 중단하고, 그에게만 집중해서 이렇게 설명했습니다.

"우리가 네게 돈을 안 주는 것은, 너를 잃고 싶지 않아서야.

이제껏 우리가 돈을 줬던 사람들은 다 떠났어.”

사실입니다. 빌려준 돈을 갚을 능력이 없는 사람은 미안해서 다시 나타나지 못합니다. 돕기 위해 돈을 주면 받은 사람은 계속 돈만 바라거나 요구가 더 커지다가 우리가 돈을 안 주면 야속하다며 떠납니다. 그래서 아내가 그들을 격려하는 마음으로 얼마간의 돈을 줄 때는 꼭 “이것은 하나님의 선물이야”라고 말합니다.

나의 간곡한 설명을 듣던 카르치가 물었습니다.

“그럼, 나를 지금도 사랑해?”

“그럼! 당연하지. 너는 내게 가장 소중한 사람 중 한 명이야.”

나의 대답에 그의 눈에 눈물이 고였습니다. 그를 꼭 포옹하며 말해줬습니다. “세레틀렉(널 사랑해)! 자, 이젠 웃어야지?” 하니까 미소를 띠며 얼굴이 밝아졌습니다.

교회에 나오는 그들은 못 먹어서 굶주린 것이 아닙니다. 사랑에 굶주려서 마음과 영혼에 기갈이 든 것입니다. 그들의 갈증이 하나님 아버지의 사랑을 깨달아 눈물의 기도로 바뀌면 좋겠습니다.

한번은 주일 예배에 한 깔끔한 중년 신사가 왔습니다. 그는 화요일마다 실칼만 광장에 와서 음식만 먹고 가던 사람인데, 처음으로 주일날 소금과빛 개혁교회를 찾아왔던 것입니다. 그가 맨 앞자리에 앉아 예배를 드리는데, 설교 시간에 감탄과 응답을 하다가 설교자인 내게 이것저것 묻기 시작했습니다. 우리 교회에서는 이런 일이 종종 있는 터라 나는 개의치 않고 오히려 격려해주었습니다.

그런데 개인적인 질문은 예배 후에 나누자고 했는데도 그가 멈추지 않자, 다른 성도들이 그에게 짜증 섞인 말투로 예배를 방해한다며 핀잔을 주었습니다. 급기야 성도 중에 처버가 일어나 항의하자 그가 그만 나가버렸습니다. 그날 주일 설교 제목은 '화평케 하는 자는 복이 있나니'였습니다.

다음날 새벽기도 시간에 어제 일이 떠올라 '그의 이름이라도 물어봤어야 했는데' 하고 후회가 됐습니다. 내가 비록 단상에 있었더라도 예배 도중에 나가는 그를 좇아가 데려와서 계속 예배드리도록 했어야 했다는 자책이 듭니다. 아! 마음의 평안을 위해 찾아온 사람을 목사가 무리에 동조하여 보내버린 격이 되었으니, 주님 앞에 너무 죄송했습니다.

무릎을 꿇고 석고대죄 하는 마음으로 기도하는데, 눈물이 계속 흘러나왔습니다.

> 화평하게 하는 자는… 하나님의 아들이라 일컬음을 받을 것임이요 마 5:9

　　노숙자들을 섬기는 우리 교회는 어떤 돌발적인 상황에도 의연히 대처할 수 있도록 항상 마음의 준비를 하고 있어야 합니다. 그나마 주일 예배 때는 그렇게 심하지 않지만, 거리의 교회 예배 때는 폭력이 일어나기도 합니다. 서로 갑자기 때리거나 술병을 던져 피를 흘릴 때도 있고, 옆에서 죽어가는 사람이 생겨 경찰이 오고 응급처치로도 안 돼 결국 관공서의 차가 와서 위생관에 실어간 적도 있습니다.

　　"주여! 한 영혼에 대한 간절한 마음과 인내로 한 사람 한 사람을 섬길 수 있게 하옵소서!"

예수가 우리를 부르는 소리 그 음성 부드러워…

주 예수 앞에 오라

우리를 위하여 예비해 두신 영원한 집이 있어…

주 예수 앞에 오라(새 찬송가 528장/통일 찬송가 318장)

차고를 개조한 예배당에서 예배를 드린 후, 천막 처소에서 급식하는 모습(위).
예배 후 급식을 받아 식사를 하고 있는 천막 처소 내부 광경(아래).

누구나 한 달란트부터
시작한다

누구나 한 달란트부터 시작합니다.
주인은 처음 한 달란트 받은 종에게
더 관심을 갖고 계십니다.

　그날은 실칼만 광장에서 거리의 교회 설교 시간에 달란트 비유에 대한 말씀을 전하고 있었습니다. 그들과 눈을 맞추기 위해 사용하는 조그만 의자 위에 서서 성심껏 준비한 설교를 간절한 마음으로 노숙자들에게 전하면서, "당신들은 몇 달란트 받았습니까?" 하고 물었습니다.

　"아무 것도 못 받았어. 받았다면 우리가 이렇게 살겠어요?" 누군가 불평을 터뜨렸습니다.

　그때 갑자기 한 사람이 되물었습니다.

　"팔! 그럼 너는 몇 달란트 받았는데?"

　팔(바울)은 나의 헝가리식 이름입니다. 그 순간 모든 시간이 멈춰버렸습니다.

　'맞아! 정말 나는 몇 달란트 받았지? 주님! 저에게 몇 달란트 주셨지요?'

그 짧은 몇 초가 흐르는 동안, 나의 지난날들이 주마등처럼 머릿속을 스쳐갔습니다. 그리고 대답했습니다.

"난 두 달란트 받았어. 지금 열심히 충성하고 있으니, 곧 다섯 달란트 받게 될 거야."

설교를 하다가 받은 질문에 당황하여, 나 역시 성령님께 물었을 때 드디어 깨닫게 된 몇 가지가 있습니다.

첫째, 누구나 한 달란트부터 시작한다는 것입니다. 성경의 다섯 달란트 받은 사람도 처음엔 한 달란트부터 시작했을 것입니다. 그는 열심히 장사하여 주인에게 왔습니다.

"주인이여, 보소서! 내가 또 한 달란트를 남겼나이다."

…잘하였도다 착하고 충성된 종아! 네가 적은 일에 충성하였으매 내가 많은 것을 네게 맡기리니… 마 25:21

그래서 다음 단계로 두 달란트를 맡기고 또 배로 남기니, 그의 재능대로 다섯 달란트를 맡기셨습니다. 그 종은 또 다섯 달란트를 남겼습니다. 주인은 아마 그 종에게 장차 30배, 60배, 100배를 더 맡길 것입니다.

둘째, 주인은 달란트를 단계별로 주신다는 것입니다. 두 달란트 받은 사람도 마찬가지입니다. 똑같은 칭찬을 듣고, 똑같은 상을 받습니다.

> 네 주인의 즐거움에 참여할지어다 마 25:23

그러나 한 달란트 받은 종은 악하고 게을러서, 주인의 마음을 헤아리지 못하고 성급히 판단하며 오히려 주인을 탓하는 거만한 변명을 합니다.

> 당신은 굳은 사람이라, 심지 않은 데서 거두고 헤치지 않은 데서 모으는 줄을 내가 알았으므로 두려워하여 나가서 당신의 달란트를 땅에 감추어 두었나이다 보소서 당신의 것을 가지셨나이다 마 25:24-25

그러자 주인이 말합니다.

> 이 무익한 종을 바깥 어두운 데로 내쫓으라! 거기서 슬피 울며 이를 갈리라 마 25:30

그는 주인을 마음이 굳은 사람이어서 자기에게 한 달란트밖에 안 주는 인정 없는 사람으로 오해했습니다. 그는 상이 아니라,

벌을 받고 맙니다. 아, 주인의 마음을 깨달았더라면!

셋째, 주인은 처음 시작하는 한 달란트 받은 종에게 더 많은 관심과 사랑, 계획을 갖고 계십니다.

"난 한 달란트도 못 받았단 말이야."

한 노숙자는 여전히 억울한 듯 볼멘소리로 원망했습니다. 나는 설교를 이렇게 마쳤습니다.

"여러분도 열심히 하면, 주인이 한 달란트를 주십니다. 착하고 충성스럽게 하면 또 두 달란트를, 그다음에는 다섯 달란트를 맡기실 것입니다."

거리 사역을 하면서 이전에 깨닫지 못했던 말씀들이 확 깨달아질 때가 있습니다. 2천여 년 전 예수님이 왜 거리에서, 광야에서 그 사역을 하셨으며, 왜 그런 비유와 말씀을 하셨는지…. 내가 그런 상황과 현장에 맞닥트리다 보면, 한순간 말씀이 생생히 깨달아지고 그 기쁨으로 감사가 넘치게 되는 것입니다.

주여! 저에게 지혜와 계시의 영을 주옵시고, 마음의 눈을 밝혀 주옵소서! 엡 1:17-18

그후 이 말씀을 더 묵상하는 가운데 이제껏 내가 오해하고 있었던 두 가지를 깨달았습니다.

첫째, 달란트는 내가 기도해서 받는 것이 아니라, 하나님이 주셔야 받을 수 있다는 사실입니다. 단지 내가 할 수 있는 것은 그 '달란트의 미션'을 수행하는 착하고 충성된 종이 되는 것입니다. 이것을 깨달은 다음부터는 선교 편지를 쓸 때 이렇게 쓰게 되었습니다.

"기도와 주님 사랑으로, 또는 헌금을 하나님께 드려… 선교 후원해주셔서 감사합니다! 그 헌금의 미션을 '주의 충성되고 지혜로운 종'(마 24:45)으로서 최선을 다해 감당하겠습니다."

둘째, 성도들이 주님을 사랑해서 하나님께 헌금한 것이지, 나를 사랑해서 나에게 선교 후원금을 주는 것이 아니라는 것입니다. 성도들이 하나님께 드린 헌금을 하나님이 흠향하시고 종에게 맡기십니다. 그리고 주의 종이 그 헌금의 미션을 어떻게 감당했는지 하나님이 결산하십니다.

주신 달란트의 미션 수행에 따라 악하고 게으른 종인지, 착하고 충성된 종인지 구별하십니다. 하나님은 사람을 차별하시지 않고 결산을 하여 구별하십니다. 착하고 충성된 종은 주인의 즐거움에 참여하게 되고, 악하고 무익한 종은 바깥 어두운 데로 쫓겨나는 것입니다.

그날 거리에서 노숙자들에게 말씀을 전하다가 질문을 받고 시간이 멈췄던 그 몇 초 사이에, 성령께서 깨닫게 해주신 내가 받은 달란트는 이랬습니다.

'아! 나는 두 달란트를 받았구나. 내가 한 달란트를 받은 것은 사도행전 16장 9절의 말씀을 받고 1991년에 헝가리 선교사로 온 것이고, 그다음 두 달란트를 받은 것은 이사야 58장 6절의 말씀을 받고 2004년 겨울부터 이 거리의 사역을 시작하게 된 것이구나!'

그러니까 내가 받은 달란트는 돈이나 재산이 아니라, 하나님의 보배로운 말씀이었습니다.

먼저, 내가 받은 한 달란트는 마게도냐 환상에 관한 말씀이었습니다.

> 밤에 환상이 바울에게 보이니 마게도냐 사람 하나가 서서 그에게 청하여 이르되 마게도냐로 건너와서 우리를 도우라 하거늘 행 16:9

'마게도냐 환상'을 본 사도바울이 배를 타고 마게도냐의 첫 성인 빌립보에 이르러 루디아를 만났습니다. 그리고 빌립보 교회를 세워 유럽 선교의 장을 열었습니다. 그처럼 나도 대학생들을 선교하기 위해 열심히 전도하고 제자화 사역을 해오던 중, 10년째 되던 해인 1991년에 이 말씀을 나의 레마로 받고 유럽 선교에 대한 비전을 갖게 되었습니다. 그리고 유럽 중에서도 공산권이었던 동유럽의 헝가리에 선교사로 오게 된 것입니다. 그때 나는 비전을 가진 사람, 즉 비저너리(Visionary)였습니다.

그다음 내가 받은 두 번째 달란트는 '하나님이 기뻐하는 금식'에 대한 말씀이었습니다.

> 내가 기뻐하는 금식은 주린 자에게 네 양식을 나누어 주며 유리하는 빈민을 집에 들이며 헐벗은 자를 보면 입히며 또 네 골육을 피하여 스스로 숨지 아니하는 것이 아니겠느냐 사 58:6

이 말씀은 '연말 금식기도회'를 할 때 정했던 주제로, '하나님이 기뻐하시는 금식'입니다.

2004년 12월 말, 우리 부부는 다섯 명의 인턴 선교사를 데리고 폴란드의 아우슈비츠로 갔습니다. 그 당시 유럽, 아시아, 아프리카 지역의 북위 10~40도 사이에 있는 지역을 복음화시키려는 중국 가정교회의 기독교 복음 전파 운동인 '백 투 예루살렘(Back to Jerusalem)!'의 영향도 있었습니다. 주님이 다시 오시기 전에 복음이 유대인들에게 다시 전해져 그들이 회개하고 돌아올 수 있도록 예루살렘으로 돌아가는 길목인 유럽을 복음으로 준비하자는 뜻으로, 유대인 6백만 명이 학살당했던 그곳으로 갔던 것입니다.

그런데 그 말씀을 전하다가 내가 충격적으로 다음과 같은 깨달음을 얻게 되었습니다.

'아! 이제까지 금식 기도는 먹지 않고 골방에서 문을 걸어 잠그고 기도만 하는 것인 줄로만 알았는데, 어떻게 섬길 것인가를 가르쳐주신 이 말씀이 지금부터 내가 해야 할 미션이고 사명이구나!'

그 길로 헝가리에 돌아와 집에 있는 먹을 것, 입을 것을 들고 남부역에 나가 노숙자들을 섬기기 시작한 것이 지금의 거리의 교회가 된 것입니다. 나는 비로소 '미션'을 가진 선교사, 미셔너리(Missionary)가 된 것입니다.

이제 이 두 달란트의 미션을 충성스럽게 감당하면 주님께서 다섯 달란트를 주실 것이라 믿습니다. 아마 다섯 달란트는 '네게서 날 자들'에 대한 말씀이 될 것 같습니다.

> 네게서 날 자들이 오래 황폐된 곳들을 다시 세울 것이며 너는 역대의 파괴된 기초를 쌓으리니 너를 일컬어 무너진 데를 보수하는 자라 할 것이며 길을 수축하여 거할 곳이 되게 하는 자라 하리라 사 58:12

그들이 지금은 거리의 노숙자로 또 이 땅에서 외면당하는 집

시로 살아가고 있지만 우리의 섬김을 통하여 우리에게서 날 자
들이 오랫동안 황폐된 곳, 즉 헝가리와 유럽을 다시 세울 것임을
믿습니다. 그때 한 노숙자가 내게 물었듯이, 나도 여러분에게 묻
고 싶습니다.

"그렇다면 당신은 몇 달란트 받았습니까?"

유럽 배낭단기선교 팀과 함께 헝가리 공과대학교에서.

3부

하나님의 은혜로:
당신과
자랍니다

부득불 자랑하리라,
나의 약함을!

부족하고 연약한 사람을 주의 종이라고 챙겨주시니
과분하고 고맙고 감사합니다!
그리고 그 세월, 11년을 견뎌온 나의 남편
홍부 선교사가 자랑스럽습니다!

‘퍽!’ 억센 헝가리 청년의 흥분한 주먹이 흥부 선교사의 얼굴로 날아왔습니다.

“네 나라로 돌아가!”

하필 손에 쥔 채 입 앞에 대고 있던 마이크가 그의 주먹에 맞으면서 복음을 전하고 있던 흥부 선교사의 입을 직통으로 쳤습니다.

그날은 헝가리 한인선교사 모임이 있어서 나(서명희 선교사)는 서둘러 급식과 거리 사역을 끝내려고 뒷정리를 하고 있었습니다. 노숙자들이 음식을 먹고 동부역 주변에 버리고 간 그릇들을 모으고 있다가 흥부 선교사가 맞는 모습을 보고 깜짝 놀라 달려왔습니다.

사역을 정리하는 순간까지 “주 예수를 믿으라! 그리하면 너와 네 집이 구원을 얻으리라”며 복음을 전하려고 했던 흥부 선교사였습니다.

"네 나라로 돌아가란 말이야!"

유럽인으로서 자존심이 상하거나, 다른 종교심에서 그런 말을 하며 지나가는 사람들은 종종 있었지만 이렇게 주먹질을 한 사람은 처음이었습니다.

헝가리 한인선교사 모임은 한 달에 한 번 마지막 월요일 저녁에 있는데, 그 해 마지막 달인 12월에는 크리스마스 행사 등이 있어 그 전 주 월요일에 가졌던 것으로 기억합니다. 선교사 모임에 가면 어떤 선교사는 우리에게 노숙자 냄새가 난다고 얘기해 주었습니다. 일주일에 5일을 급식 사역하며 땀에 밴 유니폼을 입고 뛰어다녔으니 충분히 그랬을 것입니다. 한국 음식으로 즐겁게 식사를 한 뒤 예배를 드리고, 기도하기 위해 각자 기도제목을 나누는 시간이었습니다. 홍부 선교사의 차례가 되었습니다.

"오늘 저는 참으로 기쁘고 감사합니다. 복음을 전하다 맞았으니까요. 사역 25년 만에 처음인데, 이제 정말 선교사가 된 것 같습니다."

그때 옆에 앉은 기 선교사가 말했습니다.

"휴! 나도 한 번 복음 전하다 맞는 것이 소원입니다."

모두 하하하 웃었습니다.

그 후 그렇지 않아도 피곤이 쌓이면 제일 먼저 잇몸이 곪는 흥부 선교사는 입술 안팎이 터지고 잇몸이 곪느라 열이 나서, 비상약으로 가지고 있던 항생제와 해열·진통제를 계속 먹어야 했습니다. 음식이 닿으면 치아가 모두 그 방향으로 끔찍하게 밀려나기도 했습니다.

그래도 병원에 갈 생각은 미처 하지 못하고 바로 눈앞으로 다가온 연말 금식기도회를 준비했습니다. 그리고 시작된 금식기도회를 3박 4일 동안 인도하는 사이 신기하게도 입이 나았습니다. 붓기도 가라앉고, 통증도 사라졌습니다.

연말 금식기도회는 처음에 16명이 모여 시작했습니다. 중국인 성도 리전이 자기의 동생 자전의 집이 비어 있다며 장소를 빌려주었는데, 거실이 넓고 큰 데다 지하에서 3층까지 각 층마다 방도 여러 개라 숙박까지 할 수 있어 좋았습니다. 헝가리인 6명, 중국인 4명, 한국인 6명이 모여 언어도 영어, 헝가리어, 중국어, 한국어 네 가지를 썼습니다. 흥부 선교사의 인도로 성경말씀을 공부하고, 강의, 성경통독, 찬양과 기도, 간증을 해나갔습니다.

모든 진행은 영어와 헝가리어로 했지만, 성경통독만큼은 각자 모국어로 하기로 했습니다. 신약 중 18권을 돌아가면서 읽는데 장과 절의 숫자만 영어로 알려주면 자기 순서를 놓치지 않고 읽을 수 있었습니다. 그리고 우리는 각자 지난 한 해의 감사제목과 새해의 비전을 나누고, 또 간증도 나누었습니다.

"나는 40년간 매일 한 갑 이상씩 담배를 피웠는데, 이번에 끊었습니다."

노숙자 성도 중에 유일하게 기도회에 참여한 카르치의 간증입니다. 그는 지금 쉰세 살이니 열세 살 때부터 담배를 피웠다는 것인데, 금식기도를 하는 중 성령이 끊게 하신 것입니다.

둘째 날에는 운동 삼아 근처 공원을 걸으면서 우리 지역을 위해서 함께 기도했고, 또 가까운 레이 집에 가서 기도를 심었습니다. 독일에서 유학하는 나의 조카 모세가 겨울방학이라 금식기도회에 참석해서 반주로 돕고 있는데, 뜨거운 물을 대접받으며 말했습니다.

"하, 뜨거운 맹물도 꿀을 탄 것처럼 꿀맛이네."

셋째 날에는 우리가 금식기도를 하는 동안 중국인 성도들이 금식에 참여 중인 자녀들을 만날 겸 그들이 지내는 곳을 방문했습니다. 물이나 화장지 등을 가져와 챙겨주었는데, 우리가 통성기도하는 것을 보고 기도제목을 나누고 싶어했습니다. 우리는 그들의 기도제목을 듣고 '퐁당기도'를 했습니다. 한 사람씩 복판에 무릎을 꿇고 앉으면 나머지 사람들이 빙 둘러서서, 서로 그들의 몸에 손을 대고 뜨겁게 기도하였습니다. 홍부 목사를 보니 땀이 턱 밑으로 뚝뚝 떨어지고 있었습니다.

우리가 축복기도를 해주니 기도를 집중적으로 받은 분들은 눈물을 흘리며 감사해했습니다. 그들이 다른 사람들에게 연락을 했는지, 또 다른 성도가 들어오자 또 그렇게 기도를 했습니다. 땀을 얼마나 흘렸는지 홍부 선교사의 땀냄새는 완전 노숙자 수준이었습니다. 나중에 옷을 갈아입었는데, 비닐봉지에 따로 싸서 가방에 넣어야 할 정도로 옷이 젖어 있었습니다.

기도 후 잠깐 쉬는 시간에 신학과 1학년이 된 둘째 아들이 말했습니다.

"우리 아빠 방언하시는 것 들었어? 나도 하고 싶은데."

나도 나중에 홍부 선교사에게 살짝 말했습니다.

"당신이 하는 방언은 같은 음의 반복이 아니어서 참 아름답게 들려요."

홍부 선교사가 겸연쩍은지 이렇게 대답했습니다.

"여보! 혼자 기도할 때 하는 건데…. 사실 우리 방언은 헝가리어야 하잖아?"

마지막 시간에는 성찬 예배를 드렸습니다. 중국인 성도들이 준비해준 성찬식에 부모와 자녀들이 함께 참여하는 감동이 있었습니다. 3일간의 금식기도회를 마치고, 자정 12시가 지나자 그렇게 기다리던 섭식 시간이 되었습니다. 아침이 되기까지 허기를 참기 힘들었던 우리 청년들은 중국인 어머니들이 끓여온 흰죽과

오이피클을 행복하게 먹었습니다.

더구나 레이 어머니가 중국음식까지 잔뜩 요리해 오셨는데 한창 먹을 나이인 젊은이들이 참을 수 있었겠습니까? 특히 우리 큰아들은 휴식시간에 만들어놓았던 먹고 싶은 음식 목록표를 하나하나 체크하면서 먹었습니다. 먹고 싶은 마음이 굴뚝같았던 만큼 별표를 무수히 달아놓은 음식 이름들! 그 종이는 아들이 학교로 돌아간 후에도 한참 동안 우리 냉장고에 붙어 있었습니다.

금식기도회를 마치고 집에 와서 다시 음식을 먹기 시작하자 홍부 선교사의 잇몸이 또 부었습니다. 내가 말했습니다.

"여보! 당신은 금식만 해야겠다!"

그렇게 아픔도 농담처럼 받아들이며 새해를 맞은 우리 부부는 무릎을 꿇고 함께 기도했습니다. 1월 1일 0시! 시간, 생명, 건강…. 모든 것이 겸허해지는 순간이었습니다.

그렇게 홍부 선교사는 양 어금니 쪽 이빨 9개가 없는 채 앞니로만 살아왔습니다. 그제야 말할 때 입가에 하얗게 침이 생기는 이유를 알게 되었습니다. 그렇게 세월이 지나고, 최근에는 홍부 선교사에게서 자꾸 휘파람 소리가 나는 것 같아 내가 말했습니다.

"여보! 왜 자꾸 휘파람을 불어? 자꾸 그러니 거슬려요."

"내가 일부러 휘파람 부는 것이 아니야. 저절로 소리가 나네."

알고 보니 앞니 사이가 벌어지면서 그 주변 앞니가 흔들려

바람소리가 났던 것입니다.

"한국에 갔다 옵시다!"

지난 9월초, 갑자기 마음이 동하여 우리 부부는 두 주간 한국에 다녀왔습니다. 두 번의 주일 예배는 피테르 전도사와 임레 전도사에게 맡겼습니다. 한국에서 이젠 고령이신 양가 어머니들을 찾아뵈니 너무나 좋아하셨습니다. 또 흥부 선교사의 죽마고우들인 이문동장로교회 주일학교 때 친구들을 만났습니다. 그 죽마고우 중 양산에서 목회를 하는 박 목사에게도 갔는데, 그가 우리를 한 치과병원으로 데려가주었습니다. 그리고 치과의사인 문 장로가 흥부 선교사에게 치아 9개에 임플란트를 시술해주었습니다.

나는 주일날 예배 시간 전부터 자꾸 눈물이 났습니다. 지난 세월 때때로 우리 부부의 치아를 치료해주셨던 여러 치과 선생님들이 얼마나 감사한지! 한 젊은 치과의사 선생님은 이렇게 말한 적이 있습니다.

"선교사님 치아는 완전 원시인 같아요. 어떻게 견디셨어요?"

부족하고 연약한 사람을 주의 종이라고 챙겨주시니 과분하고 고맙고 감사합니다! 황송하며 마음이 숙연해집니다. 그리고 그 세월, 11년을 견뎌온 나의 남편 흥부 선교사가 자랑스럽습니다!

내가 부득불 자랑할진대 내가 약한 것을 자랑하리라 고후 11:30

독일에서 유학 중 금식기도회에 와서 반주로 섬긴 모세(위).
우리 둘째 아들의 친구 중국인 레이(아래 사진의 맨 왼쪽).

밭의 소산을
맛보게 하소서!

지난 한 해 내가 가장 많이 썼던 표현은 아마
'어메이징'이었을 거야.
올해에는 '마제스틱'이야! 장엄한 해!"

둘째 아들이 종종 헝가리 중국인 교회에 초청받아 가서 찬양을 하곤 했는데, 대학에 입학한 후에는 그 교회에서 홍부 선교사를 초청했습니다. 지난 성탄절 이브, 성탄축하 행사로 3백 명이 모인 중국인 교회에서 홍부 선교사가 한 순서를 맡아 〈주 하나님 지으신 모든 세계〉를 독창했습니다.

내 주 예수 세상에 다시 올 때 저 천국으로 날 인도하리

나 겸손히 엎드려 경배하며 영원히 주를 찬양하리라

주님의 높고 위대하심을 내 영혼이 찬양하네

주님의 높고 위대하심을 내 영혼이 찬양하네

(새 찬송가 79장/통일찬송가 40장)

그 후 중국인 두 명이 우리 집에 왔는데, 레이의 어머니 앨리

스와 미스터 홍이었습니다.

"그때 나는 눈물을 흘렸어요. 온몸으로 찬양 드리는 모습에 전율했습니다."

그러면서 앨리스가 봉투 하나를 내밀었습니다.

"이것은 그날 헌금통에서 나온 봉투인데, '한국인 김 목사'라고 적혀 있어서 전달하는 거예요. 요즘 중국인들은 한자를 이렇게 안 써요. 한국(韓國)이라고 쓴 걸 보니, 대만 분인 주 목사님 같아요."

그날 대만인 선교사인 주 목사님이 흥부 선교사가 부를 찬송가의 영어 가사를 중국어로 성도들에게 미리 통역해주었습니다. 봉투를 열어보니 2만 포린트(약 8만 원)가 들어 있었습니다.

그들이 조심스럽게 물었습니다.

"그날 어떤 사람이 '앙코르!'라고 큰 소리로 말했는데 그게 무슨 뜻이지요?"

그러고 보니 그 소리에 오히려 회중들이 박수를 그치고 찬물을 끼얹은 듯 조용해졌습니다.

"다시 한 번 불러달라고 청한다는 뜻입니다."

앨리스는 우수한 성적으로 대학을 졸업해 1997년에 중국 대사관의 경제담당 공무원으로 부다페스트로 온 후, 헝가리에 뿌리를 내린 사람입니다. 지금은 미스터 홍과 함께 건축업을 하는 똑

똑한 그녀가 '앙코르'를 모르다니, 그건 중국과 우리의 문화 차이였습니다. 레이도 처음에는 크리스마스 캐롤이 뭔지 몰랐다고 합니다.

"진 무스(김 목사)! 건축 설계까지만 해놓으면, 우리가 예배당을 지어주겠습니다."

새해를 맞이하여 방문했던 앨리스와 미스터 홍이 그렇게 말하고 간 날, 홍부 선교사가 말했습니다.

"하나님의 손길이 바로 곁에 와 있어. 그러니 나 금식기도하고 올게."

홍부 선교사는 또다시 3박 4일간 중국인 자전의 하우스를 빌려 금식기도에 들어갔습니다.

그렇게 남편이 자리를 비우자, 마침 방학이라 집에 와 있는 두 아들이 급식 사역을 도왔습니다. 그때 우리 집에 놀러 온 아들의 친구 바울이 부엌에 있는 내게 뭔가를 내밀어서 보니 신문이었습니다.

"이 신문요, 내 여동생 보라가 읽고 선교사님께 갖다드리라고 했어요."

아! 언젠가 화요일 저녁 실칼만 광장에서 우리가 거리의 교회 급식을 할 때, 멀리서 보고 있던 보라!

바울과 보라는 헝가리에 가장 먼저 온 한국인 선교사인 김·황

선교사의 자녀들로, 여름 단기선교 때 온 가족이 우리와 함께 동역한 적도 있습니다.

"고마워! 우리는 신문에 난 줄도 몰랐는데…."

헝가리 국영신문이었는데 헤드라인에 '한국인의 봉사, 역에서 무료 식사로'라고 적혀 있었습니다. 그 아래에는 굵은 활자로 '축복 후'(Aldas utan)라는 제목이 달려 있었습니다. 한 페이지의 80퍼센트를 차지하는 분량에 기사 아래엔 사진도 제법 크게 실려 있었습니다.

한 달 전쯤이었습니다. 금요일 남부역에서 급식 후 예배가 이어졌는데 한 여자가 오더니 노숙자들 사이에 앉아 끝까지 자리를 지키고 있었습니다. 수수한 차림에 무슨 보따리를 갖고 있어서 나는 그녀도 노숙자인 줄로만 생각했습니다. 나중에 그녀가 자신은 작가이며 신문기자인데 취재를 하고 싶다고 요청을 해왔습니다. 흥부 선교사가 말했습니다.

"예! 괜찮습니다. 우린 그저 하나님의 종으로, 한국인 교회와 성도들을 대신할 뿐입니다."

그녀는 주일에도 우리에게 와서 조용히 함께 예배드린 후 노숙자들과 똑같이 줄을 서서 음식을 받아 식사하며, 여러 사람들과 대화를 나누었습니다.

그다음 월요일, 동부역에서 급식 사역을 하고 있는데 한 남자가 카메라로 우리를 찍었습니다. 신문기사는 여기자 에디트가 썼고 사진은 사진작가 토마쉬가 찍은 것입니다. 내용은 우리가 역에서 급식하고 주일 예배를 드리는 모습과 노숙자와 봉사자들을 인터뷰하거나 취재한 것이었습니다.

> 부다페스트 남부역에서 한국인이 스피커로 헝가리말을 하고 있었다. 팔(Pal) 또는 폴킴(Paul Kim)으로 불리는 그는 1991년 가족과 함께 부다페스트에 왔다.…행복하십니까? 당신이 누군지, 자신이 누군지 아십니까? (조용) 매일 아침, 살아 있는 것에 감사하십시오. 그리고 옆 사람과 이렇게 말하십시오, 세레틀렉(사랑합니다)!

금식기도를 마치고 집에 온 홍부 선교사에게 신문을 보여줬습니다. '광야에 외치는 자의 소리'로 전했던 설교가 그대로 인용된 신문기사를 보며, 신기해했습니다. 작은 실수로 고유명사가 잘못 기록되기도 했지만, 생생한 사역 현장의 모습이 헝가리 신문에 기사로 나다니 참으로 감사한 일입니다. 이것으로 사회에 아름다운 영향력을 끼친다면 더 바랄 것이 없습니다.

내가 우리 두 아들에게 물었습니다.

"어메이징(Amazing)한 것보다 더 어메이징한 표현은 뭐가 있을까?”

큰 아들이 생각하는 사이, 둘째 아들이 얼른 대답했습니다.

“마제스틱(Majestic)!”

“좋아! 지난 한 해 내가 가장 많이 썼던 표현은 아마 어메이징이었을 거야. 올해에는 그래! 마제스틱이야! 장엄한 해! 믿어지지 않지만, 올해는 내가 태어난 지 딱 50년이 되는 해예요. 구약에선 희년, 기쁜 해, ‘주빌리’라고 하죠? 올해 놀랍고 장엄한 일이 많이 일어나게 하소서!”

내 말을 듣고 있던 홍부 선교사가 말했습니다.

“여보! 난 아직 아니잖아? 그리고 희년이란 그 전에 속박이 있었다는 뜻이야.”

“음! 당신과 결혼한 지 22년, 연애까지 합하면 24년 반, 그래도 희년은 안 되네요. 어쨌든 태어나 삶에 구속된 기간 50년! 그리고 내년엔 당신의 희년!”

나는 속으로 또 이렇게 말했습니다.

‘여보! 빨리 따라와요. 이 누나가 손 잡아 줄게.’

제 오십 년을 거룩하게 하여 전국 거민에게 자유를 공포하라!
이 해는 너희에게 희년이니…너희에게 거룩함이니라 너희가
밭의 소산을 먹으리라 레 25:10-12

전지전능하신 하나님(Majestic God)!

이름이 거룩히 여김을 받으시오며 나라에 임하옵시며 뜻이 땅에서도 이루어지리이다!

밭의 소산을 맛보게 하소서!

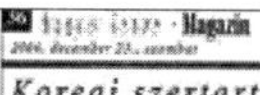

*Koreai szertartás a pályaudvaron,
vasárnapi ingyenebéd Kelenföldön*

Áldás után

헝가리 국영 신문에 난 우리 기사(2006.12. 23일자)

당근을 헌금한
사람들

나는 얼른 그 봉지에서 당근을 꺼내
신디사이저의 악보 받침대에 올려놓았습니다.
그런데 찬양 악보를 보며 반주하는 내내
당근에게 눈길이 가더니 감동이 솟아났습니다.

“밥 좀 더 줘!”

한 할머니는 급식 줄 맨 앞에 섰다가 배식이 시작되면 자기가 가져온 스테인리스 그릇을 내밀며 항상 그렇게 부탁하곤 합니다. 할머니는 노숙자는 아니지만 수프와 밥을 얻으러 가까운 시골에서 기차를 타고 온다고 했습니다. “나 신문에서도 봐서 알아”라며 우리에게 아는 체도 합니다.

그날은 들고 계신 보따리에서 무슨 봉지를 부스럭부스럭 꺼내면서 자랑스럽게 건네주었습니다.

“이거, 시골 당근이라 좋아.”

급식이 끝나자마자 나는 복음을 전하며 찬양하는 남편 옆에서 신디사이저 반주를 했습니다. 헝가리는 음악의 나라인데도 피아노 치는 사람을 만나기가 어렵습니다. 아마추어인 나는 늘 치는 곡도 악보를 봐야 하는데, 그날은 바람이 많이 불었습니다. 목요일은 서부역 지하도에서 급식 사역을 하는 날로, 그곳은 사방 팔방으로 뚫려 있어 저녁 어스름이 되면 바람이 그곳 계단을 미끄럼 타고 들어와 자꾸 악보를 넘겼습니다.

'무엇으로 악보를 받쳐놓지?'

건반을 치면서 주변을 살펴보았습니다. 밥을 푼 주걱은 끈적거려서도 안 되고, 국자는 더더구나 고추기름이 묻어 있으니 안 되고…. 그때 번개처럼 생각이 떠올랐습니다.

'맞다! 아까 그 할머니가 주고 간 당근!'

나는 얼른 그 봉지에서 당근을 꺼내 신디사이저의 악보 받침대에 올려놓았습니다. 그런데 찬양 악보를 보며 반주하는 내내 당근에게 눈길이 가더니 감동이 솟아났습니다. 나는 신이 나서 반주하며 우리 앞을 지나가는 사람들을 향해 환한 미소를 계속 보내줄 수 있었습니다.

미소 하나도 선교입니다. 한 번 웃어주는 것이 얼마나 힘이 되고 인상에 남는지 모릅니다. 그날 할머니가 당근을 헌금했고, 그 헌금에 대한 나의 미션은 누구에게나 미소로 전도하는 것이었습니다.

할머니 말고도 당근을 헌금한 사람들이 또 있습니다.

"왜 결혼을 안 해?"

"사도바울처럼 하나님을 섬기려고."

우리가 물으면 노총각 임레는 그렇게 답하곤 했습니다. 한편으론 멋쩍게 웃으며 말합니다.

"돕는 배필? 우리 헝가리 여자들은 어려워."

임레는 한국 여자들이 남편을 엄청 섬기는 줄 압니다. 아마 나를 보아와서 그렇겠지요? 하하!

임레는 전형적인 동유럽 백인으로 키도 크고 착하며 차분하고 꼼꼼합니다. 뭘 만들거나 고치는 것에 재주가 있고, 전기도 잘 다뤄서 누구에게나 환영받는 사람입니다. 지금은 우리를 도와 노숙자들을 일일이 만나며 상담과 전도를 하는데, 사실 그도 이전에 10년간 노숙자 생활을 했다고 합니다.

우리가 그를 처음 만난 것은 매달 한 번씩 봉사자들을 위해 한국 음식을 만들어 초대할 때였습니다. 특히 그날은 오순절 신학교 2학년생인 우리 교회 전도사 졸탄이 학생회장이 되어서 축하할 겸 그 학교 신학생들을 전부 초대했던 것입니다. 전부라고 해봐야 20여 명이고 그때 임레는 3학년이었습니다.

그날 다른 학생들은 처음 먹어보는 한국 음식을 맛보며 대화를 나누고 흥겹게 시끌벅적했는데, 유독 임레만은 우리 노숙자 사역에 관심이 많아 흥부 선교사를 놓지 않고 질문공세를 했던 기억이 납니다.

그날 이후 그는 우리가 동부역에서 사역하는 월요일마다 신학교에서 멀지 않다며 와서 도와주었습니다. 그리고 우리 사역 기기들이 고장나거나 망가지면 고쳐주고, 시청에 보낼 공적인 편지를 쓸 때도 도와주곤 했습니다. 그가 헌금한 당근은 바로 그의 시간과 재능입니다.

그 후 몇 년이 지나 임레가 마침내 결혼을 했습니다. 그의 아내 일디코는 믿음이 좋은 안과의사입니다. 10년을 노숙자로 살았던 그였지만 주께 헌신하고자 신학을 공부하고 성실히 섬기니 인생의 반전이 찾아왔습니다. 요즘은 우리 교회 전도사로 부부가 함께 섬기고 있습니다. 간혹 주일 예배에 빠질 때면 임레가 말합니다.

"아내가 참가하는 학회에 따라가느라 못 갑니다."

우리 동역자인 피테르도 당근을 헌금한 사람입니다.

착한 성품에 물욕이 없고 신실한 사람! 한국에도 이런 사람 있을까 싶을 정도로 순수합니다. 그는 다섯 인턴 선교사들이 있을 때는 주일 예배에 뒤에서 조용히 참여하곤 했습니다. 1년 후 인턴 선교사들이 다 돌아간 뒤로는 기타로 찬양 인도를 하며 섬기기 시작했습니다.

한번은 그의 신디사이저와 기타를 우리 노숙자 성도에게 빌려줬다가 되돌려받지 못했습니다. 우리가 물어주려고 해도 괜찮다며 걱정하지 말라고 했습니다. 그 후 오히려 자기 노트북과 기타를 가져와서 우리더러 사용하라고 했습니다.

"난 다리 대수술을 해야 하기 때문에 크리스마스 때까지 못 나오니 내 것을 쓰세요."

축구를 하다 다리를 다쳤는데, 수술 날짜가 잡혀 입원하게 된 것입니다. 그의 다리 수술 후, 우리는 봉사자들과 함께 거리 사역을 마치고 케이크를 사서 우르르 그의 집으로 몰려갔습니다. 그는 수술한 것을 보여준다더니 헐렁한 바지를 쑥 걷어올려 철제 기구로 된 다리를 드러내 보이며 수술 경위를 설명해주었습니다. 그는 여전히 서고 앉는 것을 힘들어했고, 다리를 굽힐 수 없어 걸음걸이도 뻣뻣해 보였습니다. 그때가 크리스마스 시즌이라 나는 준비해간 명품 로션을 그에게 선물했습니다.

새해 들어 한참이 지난 후, 금요일 남부역에서 분주히 거리 사역을 하는데 피테르가 걸어왔습니다.

"피테르!"

우리는 다가오는 그에게 달려가서 뿌시뿌시 하며 그의 회복을 축하해주었습니다. 키가 커서 그의 수줍어하는 모습이 우리 머리 위에 있었습니다.

"나 이제 직장에도 다시 나가게 됐어."

다리 보조기구들을 모두 떼어낸 키다리 피테르. 그날 그는 찬양으로 섬기려고 드럼을 들고 왔습니다. 헝가리의 최고 명문인 부다페스트 공대를 나와 좋은 직장에서 일하는 엘리트 피테르! 욕심도 없고 겸손한 그는 소외된 사람들을 찾아다니며 찬양으로 봉사하는 믿음의 사람입니다!

그는 나중에 직장 일을 병행하면서 헝가리 개혁교단 신학교를 다녔습니다. 그리고 졸업 후에는 직장을 그만두고 전문 선교사로 1년간 파키스탄을 다녀왔습니다. 노숙자들을 섬기는 우리 교회가 선교단체 인터서브(Inter Serve)와 함께 파송한 것입니다. 그 후 파키스탄에서 돌아와 지금까지도 우리 교회 전도사로 섬기며 학교에서 성경 교사로 학생들을 가르치고 있습니다. 그가 헌금한 당근은 그의 온유한 성품과 헌신입니다.

그런 그에게서 명품 로션의 향기가 은은히 납니다. 아니, 로션의 향이 아닌 다른 향기가 납니다!

> 우리는 구원 받는 자들에게나 망하는 자들에게나 하나님 앞에서 그리스도의 향기니 고후 2:15

인생 역전 드라마의 주인공 임레와 아내인 안과의사 일디코(위).
온유한 성품과 헌신을 헌금한 청년 피테르(아래 사진의 맨 왼쪽).

행복은
반복적인 성실에서 온다

우리는 주 단위로 '루틴 사역'을 하고 있습니다.
반복되는 사역 속에서도 살아서 역사하시는
주님의 은혜를 늘 체험합니다.
그러니 감사하고 기쁠 수밖에 없습니다.

월요일 사역지는 지붕 없는 둥그런 광장이 있는 동부역입니다. 그곳은 우리 급식차가 지하도로 들어가 차를 세울 수 있어 좋습니다. 차가 도착하면 기다리고 있던 노숙자들이 줄을 서고, 사역 기기들을 세팅한 후 흥부 선교사가 낮은 의자 위에 올라가 그들과 눈을 맞추며 말씀을 전합니다. 이제는 영의 양식을 먼저 나눈 후 급식 사역을 합니다.

"여러분! 예수님은 우리를 세상의 소금이라고 했습니다. 다이아몬드라고 하지 않으셨습니다. 다이아몬드가 되긴 어렵지만 소금이 되기는 쉽지 않습니까? 소금이 맛을 잃으면 땅에 버려져 밟힙니다."

그날은 노숙자 같지 않은 한 여자가 와서 말씀을 들으며 꼬박꼬박 대답도 하고 눈물도 흘렸습니다.

그런데 동부역에서 지내는 안하무인의 한 여자 노숙자가 대답하는 그 여자에게 조용히 하라고 명령조로 말했습니다. 자기 말이 안 먹히자 소리를 지르더니 때리려고 씩씩대면서 다가갔습니다. 나는 흥분한 그녀를 꼭 껴안았습니다. 그러자 여자 노숙자는 간헐천처럼 화를 분출하더니 날 밀치며 몸속에서 뭘 꺼냈습니다.

영화 〈예수 그리스도의 수난〉에서 본 것 같은 끝이 여러 갈래로 찢어진 가죽 채찍이었습니다. 순간, 저걸로 내가 맞겠구나 싶어서 덜컥 겁이 났고, 나는 얼른 그녀를 다시 꼭 껴안았습니다.

"넌 예뻐, 멋있어, 훌륭해! 사랑해!"

술 냄새를 풍기며 여전히 씰룩대는 키 큰 그녀에게 나는 계속 속삭이며 얼굴을 쓰다듬어주었습니다.

"방해하지 말라니까?"

젊은 여자를 향해 푸념하며 채찍을 돌돌 마는 그녀에게 흥부 선교사가 "당신만 조용하면 됩니다"라고 주의를 주자, "난 목사님을 돕고 있는 거라구요"라며 항변을 했습니다.

착각은 공산국가였던 헝가리에서도 자유입니다.

화요일 사역지인 실칼만 광장은 부다페스트에서 부다쪽 교통의 요지로, 인력시장으로 유명한 곳입니다.

"이리로 좀 와봐요!"

급식 중인데 뒤에서 누가 우리 부부를 잡아당깁니다. 아, 귀

여운 로저 할머니! 찬양할 때면 눈물 흘리며 〈예수 가장 귀한 그 이름〉을 신청하는 분. 할머니는 하루 종일 쓰레기장을 뒤져 이것 저것 주워담은 비닐 가방을 주렁주렁 달고 옵니다. 우리는 수프와 밥을 푸다가 뿌시뿌시 하는 줄 알고 얼굴을 그쪽으로 기울였는데 갑자기 우리 머리에 향수를 뿌렸습니다. 고맙긴 한데 문제는 어휴! 그 냄새! 구역질이 났습니다.

"향기 좋지요?"

할머니는 마치 마리아가 예수님께 향유를 부은 것처럼 의기양양하게 묻습니다.

아! 어느 쓰레기장에서 건진, 얼마나 오래된 화장실용 향수일까요? 얼마나 역겨운지, 죄송하지만 남편을 졸라 서둘러 사역을 마치고 집에 와서 머리를 감았습니다. 똥오줌 지린 옷도 갈아입히고, 혹독한 입 냄새에도 참고 뿌시뿌시 하면서, 왜 가짜 향수 냄새는 못 참겠는지요?

수요일은 유일하게 급식을 준비하지 않아도 되는 평일이라 마음이 가뿐합니다. 코르비누스대학교 근처의 중국식당에서 모임을 갖는 날인데, 리더인 칠라가 목 뒤 종양 수술로 휴학하는 바람에 잠정적으로 모임이 중단되었습니다. 대신에 신학생인 졸탄과 임레를 데리고 예배당 및 선교센터를 지을 땅에 가서 기도를 했습니다.

이전에 봐둔 땅은 취소했고, 이번에 본 땅은 마치 다윗이 숨고 4백 명가량 모였던 아둘람 굴 같은 엄청난 굴이 연결되어 있는 곳이었습니다. 세계대전 때 부다페스트 온 시민이 숨었다는 저지대 반야(광산) 거리 38번지입니다. 정부가 경매 붙인 땅을 우리가 살 수 있도록 정부에 편지를 보내고 담당공무원도 만난 뒤 기도하며 답변을 기다리고 있습니다.

"갈렙을 위하여 헤브론을 주신 것처럼 우리에게도 이 땅을 주시옵소서!"

우리가 그곳에 도착하자 홍부 선교사가 차 트렁크에서 깔판을 꺼냅니다. 무릎을 꿇고 기도하자고 가져온 것입니다. 그런데 오늘은 그 땅에 쓰레기가 유난히 더 많이 버려져 있습니다. 시체라도 버려져 있을 것 같은 쓰레기더미 위에 깔판을 펴고 우리는 무릎을 조아리고 외칩니다.

"주여! 우리를 일컬어 무너진 데를 수보하는 자라 하소서!"(사 58:12)

집에 돌아오는 길에 보니 길가마다 쓰레기가 쌓여 있습니다. 1년에 두 번 봄, 가을에 평소 못 버렸던 부러진 가구나 망가진 전자제품을 밖에 내놓으면 수거해가는 날이 다가오고 있기 때문입니다.

목요일 사역지인 서부역은 젊은이들이 가장 많이 붐비는 웨

스턴드 백화점이 있는 곳입니다. 우리 집에서 가장 먼 역이고, 지하도로 진입하는 비상 차도가 없어서 사역 기기들을 일일이 계단으로 날라야 하는 곳입니다. 그래서 세팅 시간이 많이 걸려 다른 날보다 더 서둘러야 합니다.

"어머니! 불편하지 않으셨어요?"

서부역에 도착하자 홍부 선교사가 차 뒤에 앉아 오신 나의 친정어머니께 여쭈어봅니다. 그날은 손녀 결혼식에 참석하러 오셨던 어머니(79세)가 아픈 다리 때문에 집에서만 우리를 돕다가 귀국할 날이 가까워지자 사역 현장에 와보고 싶다고 하여 모시고 나온 것입니다.

한편, 종일 정성껏 요리했던 따끈따끈한 음식을 속히 노숙자들에게 먹일 부푼 마음으로 급식 차의 문을 연 순간, 당혹감을 감출 수 없었습니다. 아무 것도 없었습니다. 밥통도 국통도…. 한 치의 의심도 없이 오직 어머니만 잘 모시고 왔던 것입니다. 차마 급식을 기다리던 이들을 실망시킬 수 없었지만, 내려가서 노숙자들에게 용서를 빌었습니다.

금요일은 남부역 사역입니다. 3주간 미국에서 온 두 여 목사님의 동역으로 급식용 그릇과 숟가락이 일회용으로 싹 바뀌었습니다. 더 이상 설거지로 시간과 건강을 허비하지 않게 되었습니다.

또 다른 희소식은 옷 가게 주인 베트남 청년 더니의 변화입니다. 그가 처음에는 우리를 구경만 하고 다음에는 또래 봉사자들에게 관심을 갖다가, 차츰 예배에 귀 기울이고 우리랑 뿌시뿌시도 허락하더니, 주일에는 우리 소금과빛 개혁교회에까지 나오고, 마침내 〈나 같은 죄인 살리신〉을 부르다 울었습니다.

그러더니 이제껏 우리가 다른 가게에서 돈을 주고 끌어 썼던 전기를 자기 가게에서 거저 사용하게 해주었습니다. 그리고 이제는 다른 요일, 다른 역에까지 와서 밥 배식으로 섬깁니다. 중국인에 이어 베트남인까지 우리 사역에 합류했습니다.

길거리 예배 후, 피테르 전도사가 제안했습니다.

"내가 한 턱 내겠습니다."

우리 모두는 기차를 개조한 식당에 가서 헝가리 부침개인 '군대 펄러친타'를 맛있게 먹었습니다.

"쾨세넘 세이펜(매우 감사합니다)!"

토요일, 홍부 선교사는 종일 헝가리어로 설교를 준비하는 인내의 날이고, 난 살 빼야 하는 날입니다. 손님들이 계속 오시는 바람에 운동하러 가지 못하고, 식사도 불규칙했는지 체중이 불었습니다. 말할 때나 찬양할 때도 한 소절이 끝나기도 전에 숨이 찹니다. 홍부 선교사도 새벽 2시경에 급히 전화를 받다가 숨이 막혀 '아, 이 한 숨 못 쉬면 죽겠구나' 했답니다.

내가 말했습니다.

"여보! 우리 같이 운동하자!"

남편이 대답했습니다.

"나, 운동하잖아? 영적 운동!"

주일, 담배를 피우는 무리 사이로 보라색과 하얀색의 라일락을 한아름 들고 오는 사람이 보입니다. 아무래도 주일은 다른 설명이 필요 없습니다. 일단 와보십시오!

이렇게 우리는 주 단위로 '루틴 사역'을 하고 있습니다. 이 모든 일들이 감사하고 기쁩니다. 모든 것이 하나님의 은혜입니다!

여호와를 의뢰하고 선을 행하라! 땅에 머무는 동안 그의 성실을 먹을 거리로 삼을지어다 시 37:3

월요일 사역지인 동부역 거리의 교회.

기업 무를 자(Redeemer)가
뭐예요?

"난 여기 와서 참 많은 걸 깨달아.
한국 목사님들도 몽사가 아닌,
말씀 그대로를 전해야 하는데….”

최근 나는 두 가지 사실로 깜짝 놀랐습니다.

한 가지는 시위대 뜰에 갇혀 있는 예레미야, 그 눈물의 선지자가 웬 땅(밭)을 산 것입니다(렘 32:7 참조). 나는 흥부 선교사가 예레미야서를 새벽 경건의 시간 때 묵상할 본문으로 삼는 것이 좀 싫었습니다. 올빼미 체질인 나는 새벽에 졸린 데다 내용도 노상 '멸망'이니…. 그것도 52장까지 매일 한 장씩 읽고 예레미야애가의 5장까지 더 읽으려면 거의 두 달이 걸립니다. 그런데 읽어갈수록 차츰 놀라기 시작했고, 내일 읽을 다음 장이 궁금해졌습니다.

특히 다음과 같은 대목을 읽을 때면 우리 부부가 서로 깨달은 바를 나누며, 우리는 어떡해야 하나 기도합니다.

여호와께서 내(예레미야)게 이르시되 모세와 사무엘이 내 앞에 섰다 할지라도… 렘 15:1

단호하신 주님! 우리 미션(사명)도 누가 대신할 수 없군요.

또 '선지자 하나냐'의 이야기(렘 28장 참조)는 참으로 심각합니다. 처음에는 솔깃할 정도로 그는 암울한 예레미야의 예언에 맞서 긍정과 희망, 승리를 외칩니다. 거짓 선지자 하나냐는 예레미야의 목에 지워진 나무 멍에를 꺾으며 말합니다.

"당신은 말이야, 참 부정적인 사람이야! 당치도 않은 말씀! 70년 좋아하네. 우린 2년이 차기 전에 예루살렘 성으로 돌아올 거란 말이야. 왜 그렇게 믿음이 없어?"

하지만 결국 백성은 목에 나무 멍에 대신 쇠 멍에를 메게 되고, 거짓 선지자 하나냐는 죽임을 당합니다. 아! 선의의 거짓말이 이렇게 무섭구나!

두 번째 놀란 것은, 감옥에 갇힌 예레미야 선지자가 땅을 사게 된 '뜻'입니다. 바벨론에게 멸망당하여 70년간 빼앗길 땅이라고 부르짖는 자가 은 십칠 세겔에 땅을 사다니!(렘 32:9 참조) 한데 그는 바로 "이 기업을 무를 권리가 있는 자"(렘 32:7)라고 주께서 말씀하십니다.

"보아스, 생각나지?"

흥부 선교사가 묻고, 내가 답합니다.

"응! 룻기에서 기업 무른 자 보아스는 생생하지만, 예레미야도 기업 무를 자였네?"

이전에도 예레미야서를 읽었지만 그때는 잘 기억하지 못했는데, 요즘은 우리가 예배당 및 선교센터를 위해 기도하고 있어서인지 그 말씀이 너무나 절실히 느껴집니다.

…너는 베냐민 땅 아나돗에 있는 나의 밭을 사라 기업의 상속권이 네게 있고 무를 권리가 네게 있으니 너를 위하여 사라 하는지라 내가 이것이 여호와의 말씀인 줄 알았으므로 렘 32:8

아하! '기업 무를 자'란 곧 '리디머(Redeemer), 구속자, 회복자'를 뜻하는 것이로군요. 거기에는 이스라엘 백성으로 돌아오게 하시려는 하나님의 깊은 뜻이 있었습니다(렘 32:44 참조). 예레미야에게 땅을 사게 함으로써 바벨론 포로생활 70년 후 백성의 지위를 회복시키려는 것이지요.

"우리도 하나님께 받은 '기업 무를 자'인데, 사명을 거절하면 이 사명이 다른 사람에게로 가는 거야."

흥부 선교사가 성경말씀으로 걱정 많은 나를 다독거릴 때, 부다페스트의 아침 햇살이 환하게 창으로 들어오고 있었습니다.

이렇게 우리가 예레미야서를 읽는 중에 예배당 및 선교센터 땅을 사기로 결단한 것입니다. '주여, 우리로 이 헝가리 땅의 한 부분을 통해 기업 무를 자인 회복자가 되게 하소서!'

그리고 드디어 우리가 땅을 샀습니다. 정부 소유의 아둘람 굴 같은 땅은 조건과 예산이 맞지 않아 포기했지만 이후에 흥부 선교사가 기도하면서 인터넷을 통해 찾은 땅입니다.

"아하! 부다페스트 안에 이렇게 숲 같은 정원을 가진 전원적인 집이 있다니!"

실제로 가보니, 그 땅은 부다페스트에서 공항과 가까운 10구역에 자리 잡고 있었는데, 정말 시골집 같았습니다. 주변에 교도소, 고아원 겸 보육원, 모자원, 콤플렉스 학교(신체적 또는 정서적 장애가 있거나, 일반학교에서 적응하지 못한 아이들이 다니는 학교), 노숙자 시설과 양로원이 있었습니다.

흥부 선교사가 말했습니다.

"할 일이 많은 곳이네."

그런데 나는 그 집문서를 보고 깜짝 놀랐습니다. 내 50세 생일 직전이 준공일이었기 때문입니다.

"여보! 이 집의 준공일을 좀 봐요. 하나님이 나의 희년을 위해 준비해주셨어요!"

낡았지만 조그만 예배당으로 쓸 수 있는 건물과 사택까지 있는 땅으로 대지가 1,180제곱미터의 큰 규모입니다.

1차 계약금을 냈고, 2차 중도금과 3차 중도금을 완납하면 이사할 수 있게 됩니다.

예레미야서를 계속 읽고 있는 기간에, 사촌시누님이 독일에서 오르간을 전공하는 딸 희진이를 데리고 방문했습니다. 우리집에 온 다른 친척분들처럼 그분도 역시 우리와 함께 새벽 경건의 시간과 급식, 거리 사역에 참여했습니다. 경건의 시간 중 서로 묵상을 나눌 때였습니다.

"형님! 우리 남편 멋있죠?"

나는 사촌시누님께 동의를 바라며 물었습니다.

"응! 동생 선교사도 멋있지만, 자네가 더 훌륭하네. 남편이 할 수 있도록 옆에서 다 도우니…."

내가 기대한 답은, '맞아! 홍부 선교사는 하나님의 말씀을 그대로 성실히 전하는 사람이야'였습니다.

사촌시누님이 이어서 말했습니다.

"난 여기 와서 참 많은 걸 깨달아. 한국에 있는 목사님들도 몽사가 아닌, 말씀 그대로를 전해야 하는데…."

나 여호와가 말하노라 꿈을 꾼(몽사를 얻은) 선지자는 꿈(몽사)을 말할 것이요, 내 말을 받은 자는 성실함으로 내 말을 말할 것이라 겨와 밀을 어찌 비교하겠느냐 렘 23:28

홍부 선교사가 내게 말합니다.

“여보! 요즘은 말이야 한국어 성경보다 헝가리어 성경이 더 잘 외워져.”

그러고는 그날 외운 말씀을 다시 암송하여 거리의 교회에 나가 외칩니다.

도적이 오는 것은 도적질하고 죽이고 멸망시키려는 것뿐이요, 내가 온 것은 양으로 생명을 얻게 하고 더 풍성히 얻게 하려는 것이라 요 10:10

노숙자들 중에 남의 것을 훔쳐보지 않은 사람이 몇이나 되겠습니까? 그들은 잘못을 들킨 양 쑥스럽게 웃으며, 두 손목이 수갑에 채워져 끌려가는 흉내를 내기도 하고, 성호를 긋기도 합니다.

만일 우리가 우리 죄를 자백하면 저는 미쁘시고 의로우사 우리 죄를 사하시며 모든 불의에서 우리를 깨끗케 하실 것이요 요일 1:9

다들 숙연해집니다. 어떤 사람은 땅에 무릎을 꿇기도 합니다.

소경이 보며 앉은뱅이가 걸으며 문둥이가 깨끗함을 받으며 귀

머거리가 들으며 죽은 자가 살아나며 가난한 자에게 복음이 전
파된다 하라 마 11:5

"가난한 자에게 복음이 전파된다 하라."

천국 가면 우리가 전파한 복음을 믿었던 자들이 두 팔 벌려
반갑게 뛰어나올 것입니다. 엘로! 지미! 아틸라! 처버! 러이요쉬!
이쉬트반! 가보르! 요지! 어니코! 기업 무를 자, 회복자들이여…!

서부역에서 길 가던 자들과 함께 찬양하는 모습.

트랜스포머,
우리 2세들이여!

부모님들이 매여 있는 자녀를 풀어주고
주께 보내드려야 합니다. 예수님께 쓰임 받는다는 것,
주님을 태우고 가는 나귀 새끼라니 얼마나 놀랍습니까?

"나는 한 번도 주인공이 되어본 적이 없습니다."

독일 함부르크에서 열린 청소년 비전캠프. 강사인 홍부 목사의 고백에 참가자 모두가 폭소를 터뜨렸습니다. 홍부 목사의 간증이 이어졌습니다.

나는 학창시절 연극영화학과에 다녔는데, 무척이나 연극의 주인공이 되고 싶었습니다. 늘 조연만 맡아 '난 더 잘할 수 있을 텐데, 왜 안 시켜주지?' 하다가, 드디어 3학년 때 주인공 캐릭터를 맡게 되었습니다. '멋지게 해보일 테야.' 아주 야심찼습니다. 공연 일이 점점 다가오자, 모두 연습을 끝내고 간 후에도 혼자 남아 열심히 연습했습니다. 그날 밤에도 혼자 무대 위에서 대사를 외며 연기를 하고 있는데, 갑자기 "손들어!" 하는 고함소리가 들렸습니다. 그것은 실제상황이었습니다. 군인이 내게 총을 대고,

두 손을 머리 뒤로 깍지 낀 채 무릎을 꿇게 했습니다. 나는 그렇게 꼬박 밤을 새운 뒤 다음날 오전에 풀려났습니다. 당시 5·18 광주 민주화운동이 일어나자, 비상계엄령 선포로 모든 대학에 휴교령이 내려지고, 연극 공연은 무효가 되고 말았습니다.

좌절감으로 자포자기해 있는 나에게 친구가 찾아와 선배와 만나자고 해서 할 수 없이 자리에 나갔습니다.

"회비를 냈으니, 나 대신 가줘!"

친구는 선배한테 나를 소개해주고 자신은 싹 빠졌습니다. 그렇게 해서 간 곳이 바로 1980년 여의도에서 열린 세계복음화대성회였습니다. '나는 찾았네(I found it)!'라는 슬로건 아래 많은 사람이 모여 있었습니다. 하지만 나는 '내가 왜 이곳에 와 있지?' 하는 생각이 들었습니다. 그러다가 컨퍼런스 마지막 날 밤 집회 때 김준곤 목사님이 설교 중에 이렇게 말씀했습니다.

"손드십시오! 젊은이들이 군에 가듯이 자기 인생에 한 기간을 선교사로 갈 사람!"

여기저기서 손을 들었습니다. 주위를 살피던 나도 엉겁결에 손을 들었습니다. 목사님이 계속 말했습니다.

"손든 사람들은 일어서십시오."

나도 일어났습니다. 우리 부부가 만나기 2년 전이었는데, 그때 나의 아내도 그 자리에서 일어났다고 합니다. 그 선교사 콜링에 일어선 이후 이상한 일이 일어났습니다. 눈물, 콧물, 땀을 펑 펑 쏟아내며, 내 마음속 깊이 있었던 좌절과 죄를 다 토설했던 것 입니다. 그 다음 날 아침은 완전히 새로운 날이었고, 온 천지 만 물이 찬란하게 비쳐왔습니다.

이전 것은 지나갔으니 보라 새 것이 되었도다 고후 5:17

그때 나는 트랜스폼드(Transformed, 변화) 되었습니다. 용솟음치 는 감격에 이끌려 버스를 타고 다니며 '예수님 믿으세요!'를 외쳤 고, 새벽에는 국립도서관에 올라가서 전도를 했습니다. 그 이후 지금까지 트랜스포머(Transformer, 변화시키는 사람)로 살고 있습니다.

내가 먼저 변하지 않고서는 남을 변화시킬 수 없습니다. 복 음이 황폐화된 이 땅을 어떻게 수축하며 보수할 수 있습니까? 여 러분이 먼저 변화되어야 이 땅 독일을, 유럽을, 세상을 변화시킬 수 있습니다. 우리 코리언 디아스포라 교회들이, 크리스천들이, 우리 2세들이 이 미션을 감당하십시다!

지금까지 말한 것은 홍부 선교사가 청소년 비전캠프의 주제 를 '트랜스포머'로 정한 이유입니다. 그것을 담은 성경구절은 "너 희는 이 세대를 본받지 말고 오직 마음을 새롭게 함으로 변화를 받아"(롬12:1-2)입니다.

흥부 목사의 설교 후, 광고시간에 한독 2세인 사회자 선생님이 나와서 말했습니다.

"이번 비전캠프의 주인공은 바로 김흥근 선교사님입니다."

와! 모두 함성을 질렀습니다. 이제껏 한 번도 주인공이 되어 보지 못했다는 고백에 대해 응답을 해준 것입니다.

그렇게 3박 4일간의 캠프가 이어지고 마지막 날인 토요일 밤에 기도시간을 가졌습니다. 십대 청소년들이 눈물, 콧물, 땀을 흘리며 친구와 선생님들과 함께 가슴 밑바닥에서부터 회개하는 기도를 했습니다.

"이번에는 김흥근·서명희 선교사님을 위해 기도하겠습니다."

사회자의 말에 그들이 우리를 에워싸기 시작했고, 우리 부부가 무릎을 꿇자 그들이 통곡하며 부르짖었습니다.

'주여! 이 어린 자녀들이, 우리를 위해 울며 기도하네요.' 나도 그렇게 흐느꼈습니다.

육사 출신으로 대위인 젊은 김 집사님은 독일로 유학 와서 국제정치학을 공부하며 중고등부 교사로 섬기고 있습니다. 그가 우리에게 자신의 간증을 들려주었습니다.

"목사님을 위해 기도할 때는 어찌나 눈물이 나던지, 제 영혼이 메마른 줄 알았는데 폭포수 같은 눈물에 저도 놀랐습니다.

IMF 때, 우리 아버지가 보증 문제로 채권자들을 피해 한때 노숙자 생활을 하셨습니다. 고등학교 등록금도 부담스러울 정도였는데, 다행히 동생과 내가 3년간 장학생이 되어 부담을 덜었습니다. 그때 아버지는 재기에 성공하면 구제사업을 하겠다는 비전을 품으셨는데, 과연 아버지의 소망이 실현되어 지금은 과거를 상상하기 힘들 만큼 풍성한 축복 속에 살고 있습니다."

그날 밤, 우리의 2세인 십대들이 두 시간이나 서로 껴안고 눈물로 용서와 축복의 기도를 하였습니다. 찬양을 인도하던 앳된 민희의 기도 소리가 지금도 내 귀에 쟁쟁합니다.

"주님! 우리가 다 이해하지 못하더라도, 우리의 영이 깨닫게 해주세요."

그 다음 날 주일은, 중고등부 헌신예배로 부모와 함께 예배를 드리는데 홍부 목사가 설교를 맡았습니다.

우리 자녀들은 어젯밤에 눈물로 기도하며 주께 헌신했습니다. 이제 부모님들이 헌신할 시간입니다. 우리 자녀들이 지속적으로 헌신할 수 있도록, 환경을 만들어줘야 할 분이 바로 부모님입니다. 본문 말씀을 읽겠습니다.

…나귀 새끼가 매여 있는 것을 보리니 풀어 끌고 오라 만일

누가 너희에게 왜 이렇게 하느냐 묻거든 주가 쓰시겠다 하
라…' 막 11:1-10

이 말씀에 비유하면, 부모님들은 매여 있는 자녀를 풀어주고
주께 보내드려야 합니다. 누구에게 쓰임 받느냐로 가치가 정해집
니다. 유명인사가 쓴 만년필 하나도 경매가 붙으면 가격이 엄청
올라가는 것처럼 말입니다. 예수님께 쓰임 받는다는 것, 주님을
태우고 가는 나귀 새끼가 되는 것. 이 얼마나 놀라운 일입니까?
우리 가정의 예배를 회복하십시다. 우리 자녀들을 위해 말씀으로
양육하고 기도하는 부모가 되십시다!

또 주일 저녁에는 한독 2세 청년들을 위한 예배를 드렸습니
다. 그 자리에는 독일인도 있었는데, 우리 부부에게는 함부르크
에서 맞이한 절정의 시간이었습니다. 흥부 목사가 강단에서 말씀
을 외쳤습니다. 광야에서 외치는 자의 소리처럼!

한 장 안에 모든 축복이 들어 있는 패키지 축복이 있습니다.
어떻게 하면 "네 치유가 급속할 것이며, 네 공의가 네 앞에 행하
고 여호와의 영광이 네 뒤에 호위한다"(사 58:8)고 했습니까?

네가 부를 때에는 나 여호와가 응답하겠고 네가 부르짖을 때에
는 내가 여기 있다 하리라… 너는 물 댄 동산 같겠고 물이 끊어
지지 아니하는 샘 같을 것이라…너는 역대의 파괴된 기초를 쌓
으리니 너를 일컬어 무너진 데를 보수하는 자라 할 것이며…
사 58:9-12

나는 내가 '기도하는 사람'인 줄 알았습니다. 남들도 나를 그
렇게 불렀습니다. 그러나 하나님이 기뻐하시는 금식은 골방의 문
을 걸어 잠그고 하는 것만이 아니었습니다.

주린 자에게 네 양식을 나누어주며 유리하는 빈민을 집에 들이
며 헐벗은 자를 보면 입히며 또 네 골육을 피하여 스스로 숨지
아니하는 것이 아니겠느냐 사 58:7

이 말씀이 내 가슴에 화살처럼 콱 박힌 후, 우리 부부는 부다
페스트에서 노숙자들을 섬기고 있습니다. 급식은 단지 사랑의 툴
(수단)입니다. 말씀이 그들을 변화시킵니다. 그래서 영의 양식을
함께 먹입니다.

예배 후에 한 건장한 청년이 찾아왔는데, 그는 한독 2세로 비

행기 조종사라고 했습니다.

"목사님! 오늘 말씀이 제 마음을 깊이 때렸습니다. 나만 열심히 살면 되는 줄 알았는데, 이제 어떻게 살아야 할지 알겠습니다. 깊이 명심하겠습니다."

오! 예수님을 태울 순전한 나귀 새끼 같은 우리 코리언 디아스포라 2세! 비행기 조종사인 그가 태울 예수님은, 비행기를 타고 온 유럽, 온 세상에 전해질 것입니다.

"호산나 찬송하리로다 주의 이름으로 오시는 이여."

함부르크 한인선교교회의 '청년 비전캠프'.

남편의 '영성'과
나의 '리얼리즘'

어떤 지식을 나눠도 남편은 결국 성경에서 그 답을 말해주니,
톱니바퀴가 맞물려 돌아가듯,
남편의 '영성'과 나의 '리얼리즘'은 동역합니다.
그리고 우리가 동역하여 낳은 복음의 세대를 생생히 봅니다.

남편의 '영성'과 나의 '리얼리즘'이, 때로는 논쟁을 일으키지만 종종 기적을 낳습니다.

새벽에 무릎 꿇고 기도하는 홍부 선교사 곁에서 같이 기도하던 나는 살며시 일어나 이메일을 보냅니다.

"소영아! 지난번 예배당 및 선교센터 땅 살 때 10만 불을 보내줘서 고마웠어! 이번에 차량 문제로⋯."

이런 역할을 할 때면 나의 리얼리즘은 어디 가고, 나의 부족한 영성으로 눈물을 흘립니다.

지난번 함부르크에서 청소년 비전캠프를 인도하고 헝가리로 돌아올 때 차에서 기름이 샜습니다.

'주여! 다음 정유소까지만 갈 수 있게 해주시옵소서.'

그렇게 밑 빠진 독에 물 붓듯 엔진오일을 넣어가며 겨우 집에 돌아왔습니다.

메일을 보낸 다음 날 소영이한테서 답이 왔습니다.

"선생님! 2만 유로(약 2,500만 원) 보내겠습니다."

9년 된 중고차를 4천 달러에 사서 10년간 쓰면서, 고장으로 위험한 고비를 얼마나 여러 번 넘겼는지 모릅니다. 이제껏 생명을 지켜주신 하나님께 감사하고, 안타까운 마음으로 함께 기도해주신 분들께 고맙습니다. 그리고 우리의 필요를 채워주는 더글러스와 소영 부부가 참 대단하게 느껴집니다.

내 메일을 받은 소영이는 로마서 15장 27절 말씀을 묵상하다가 얼른 답장을 보냈다고 합니다.

"선생님께 영적인 것을 받았으니 저는 육적인 것으로 섬기겠습니다."

영적인 것은 내가 국어교사로 재직할 때 중학교 2학년이었던 소영이에게 예수님을 전해준 것을 말하고, 육적인 것은 물질을 말합니다.

"여보! 이거 당신 영성의 축복이에요, 아니면 내 리얼리즘의 긍휼이에요?"

내가 남편에게 묻습니다. 믿음의 분량대로 해석하며 기쁨을 절제하고 감사드리는 우리 부부는 매일 은혜로 사역하고 있습니다.

나도 예전에는 영성이 더 컸던 것 같습니다. 그런데 결혼하고 나니 그만 현실주의자가 되고 말았습니다. 하지만 남편의 영성과 나의 리얼리즘은 부부 일심동체요 균형, 즉 하모니입니다.

흥부 선교사는 성경만 읽습니다. 나는 《프로페셔널의 조건》(청림출판 역간) 같은 책도 읽으며, 남편에게 얘기해줍니다.

"여보! 아테네 파르테논 신전 지붕 위를 조각한 페이디아스(Phidias)에게 재무관이 말했대요. '사람들은 당신 조각의 앞쪽밖에 볼 수 없으니, 조각의 뒤쪽 작업에 들어간 비용은 줄 수 없네.' 그때 조각가가 이렇게 대답했대요. '아무도 볼 수 없다고? 당신은 틀렸어. 하나님이 보고 계시잖아!'"

내가 들려준 얘기에 흥부 선교사가 대꾸합니다.

"그거, 성경에 있어. '기쁜 마음으로 섬기기를 주께 하듯 하고, 사람들에게 하듯 하지 말라'(엡 6:7)라는 말씀이지."

내가 어떤 지식을 나눠도 남편은 결국 성경에서 그 답을 말해주니, 톱니바퀴가 맞물려 돌아가듯 남편의 '영성'과 나의 '리얼리즘'은 서로 동역합니다.

한번은 내가 지나가는 청년 관광객 두 명을 우리 집에 데려와 먹여주고 재워준 적이 있습니다. 그들은 유스호스텔을 예약하고 왔는데, 막상 와보니 자리가 없어서 망연히 내려오다 나를 만났다고 했습니다. 다음날 흥부 선교사가 부다페스트를 떠나가는 그들에게 복음을 전했습니다. 그리고 15년의 세월이 흘러 우리 부부가 필라델피아에 며칠 가게 되었습니다. '자마(JAMA) 필라 컨퍼런스' 마지막 날의 새벽예배 설교를 홍부 선교사가 맡았기 때문입니다. 그 기간 중에 잘 아는 김 장로님이 우리에게 말했습니다.

"김홍근 선교사를 꼭 만나야 한다는 사람이 있어. 15년 전에 부다페스트에서 복음을 전했다며?"

"예? 그 사람이 여기 참석했다고요? 게다가 전도사라고요?"

드디어 컨퍼런스 마지막 날 새벽, 순서를 맡은 홍부 선교사와 나는 좀 일찍 예배실로 갔습니다. 그런데 문 앞에서 한 젊은 남자가 유모차를 끌며 함박웃음을 짓고 다가왔습니다.

"선교사님! 저 기억나십니까?"

아! 옛날에 배낭여행을 왔던 대학생이 우리를 만나 복음을 듣고 지금은 사역자가 된 것입니다.

"선교사님 만나려고 어젯밤 집회 장소인 컨벤션센터에 연결된 호텔에서 자고 바로 왔어요."

그는 그 후 이스라엘에 가서 공부하다 지금의 아내를 만나 결혼하고 두 아들까지 두고 있었습니다.

컨퍼런스의 모든 순서가 끝나자, 그는 우리를 차에 태워 자기 집으로 데려갔습니다. 그의 가족도 만나고 그가 다니고 있는 웨스트민스터 신학교도 방문했습니다. 그리고 무엇보다 한국 선교사였던 헌터(Hunter)의 묘소에도 갔습니다. 거기에는 한글과 영어로 이렇게 씌어 있었습니다.

"오직 예수님의 보혈로(Nothing but the blood of Jesus)!"

그는 헝가리로 돌아가는 우리에게 선물까지 안기고 공항에 데려다주었습니다. 그와 헤어질 때, 나는 왠지 1991년 처음 헝가리 땅에 선교사로 들어왔을 때의 우리 가족이 오버랩됐습니다.

'그때 우리도 저렇게 젊었었지. 우리 두 아들도 그들의 아들처럼 어렸었는데….'

그렇게 남편의 '영성'과 나의 '리얼리즘'이 동역하여 낳은, 복음의 세대를 생생히 보았습니다.

> 은사는 여러 가지나 성령은 같고, 직임은 여러 가지나 주는 같으며 고전 12:4-5

난장이와 거인의
'개인성장'

고맙습니다! 여러분의 사랑은
진가를 인정해주는 사랑이군요.
저도 여러분의 진가를 인정해주는 사람으로
더욱 성장해가겠습니다.

“난장이가 거인을 없앤다고 해서, 거인이 되는 것은 아닙니다. 난장이는 거인을 받아들임과 동시에 성장해야 합니다.”

링컨이 한 말입니다.

여름이 되면 우리 예배당 겸 선교센터는 단기선교팀으로 더욱 북적거립니다. 우리와 함께 사는 서른네 살의 처버는 일을 잘 돕다가도 사람들만 오면 자기의 거처와 일을 빼앗길까 봐 불안해하는 증세가 생겼습니다. 그는 우리 집의 이전 주인이 작업장으로 썼던 조그만 집에 자기 문패를 걸었습니다.

그날 저녁에는 그가 정원에서 세탁을 하고 비눗물을 바로 그곳에 쏟아버리길래 과일 수도 여럿 있고 잔디에도 좋지 않아 내가 못하게 했습니다. 그러자 그가 갑자기 양말에 끼워둔 칼을 획 빼더니, 자기 배를 찌르려고 씩씩대며 위협했습니다. 내가 타이르다 안 돼서 졸탄 전도사를 불러 진정시켜도 누구든 찌를 수 있다며 우리를 협박했습니다. 내가 그에게 한 가지 제안을 했습니다.

"처버! 고마워! 그동안 수고 많았어. 너 고향에 가고 싶어 했지? 비행기 티켓값과 정착할 돈을 보조해주고, 이사할 시간은 이틀 줄게. 칼은 치워야지?"

그는 이전에 헝가리 땅이었지만 현재는 루마니아 땅이 되어버린 마을에서 태어난 헝가리인으로, 초등학교 3학년 때부터 학교에서 불 때는 일 등 심부름만 했다고 합니다. 거리의 교회에서 우리를 열심히 도와주고 심성도 착해서 집에 데려왔던 것인데…. 다음날 그는 돈만 받아 갔습니다. 그를 더 이상 받아들일 수 없었던 진짜 이유는 칼보다 더 무서운 그의 고백 때문이었습니다.

"난 예수님을 안 믿어."

아, 이제껏 우리는 그의 이름이 우리말의 초보와 비슷해서 '초보 집사'라고도 불렀는데….

한번은 급식 사역이 없는 수요일, 우리가 꽃이쇠 등을 사러 동네 철물 가게에 간 사이, 처버가 우리 급식차 밑으로 들어가 어디서 오일이 새나 보려고 했답니다. 그런데 갑자기 그 육중한 밴이 스르르 뒤로 움직이기 시작했습니다. 내가 주차할 때 앞으로 움직이지 못하도록 기어를 뒤로 해놓았는데, 처버가 열쇠를 꽂으니 작동을 해버린 것입니다.

그가 얼마나 놀랐겠습니까? 죽는 줄 알았다고 합니다. 그래도 다행히 뒤에 철문이 닫혀 있어서 차가 정지했습니다. 쇠문은 다 휘어졌고 차도 헤드라이트가 깨지고 차체가 쇠문에 긁혀 비참하게 되었습니다. 십년감수한 그가 씩 웃으며 우리에게 말했습니다.

"팔이 너무 아파. 그래도 괜찮아."

우리는 더 큰 사고로 이어지지 않은 것에 너무나 감사했습니다. 그렇게 우리와 함께 공동체 생활을 하다 떠난 처버는 고향으로 가지 않고 돈을 다 써버렸는지 다시 노숙자가 되었다고 합니다. 그는 성장을 포기하고 만 것입니다.

봄에 그와 함께 뿌렸던 호박씨는 장정이 들기에도 무거울 만큼 자라 얼마 전에 추수를 했고, 또 시설에 살면서 우리를 돕는 머리 긴 커티와 함께 가꿨던 포도는 추수를 해서 거리의 교회 성도들에게 나눠줬는데. 처버만 없습니다. 처버를 생각하면 떠오르는 구절이 있습니다.

형제들아 지혜에는 아이가 되지 말고 악에는 어린 아이가 되라 지혜에는 장성한 사람이 되라 고전 14:20

요즘 제가 정독하고 있는 책은 C. S. 루이스의 《네 가지 사랑》 (홍성사 역간)입니다. 그 네 가지 사랑 중에 나는 '진가를 인정하는 사랑'에 대해 많이 생각하게 됩니다. 최근 내가 사람들과의 관계에 대해 많이 고민하면서 읽으니까 홍부 선교사가 말합니다.

"당신 또 그 책 읽고 있어? 성경에 다 있는데. 성경을 더 읽어요, 말씀을!"

그날은 서부역에서 사역 중이었고, 홍부 선교사는 땀을 뚝뚝 흘리며 외쳤습니다.

"행함이 없는 네 믿음을 내게 보이라 나는 행함으로 내 믿음을 네게 보이리라(약 2:18). 예수를 믿음으로 구원받지만, 구체적인 행함을 결단하십시오! 우리 몸은 성전이므로…."

그런데 한 중년의 여자가 큰 소리와 함께 팔을 휘두르면서 지나갑니다.

"헝가리인도 아니면서 왜 여기서 전도하고 급식을 하는 거야?"

그러려니 했는데 그 여자가 다시 와서 사역을 못 하게 방해했습니다. 참다못해 내가 그녀에게 말했습니다.

"성경에 '성령을 훼방하는 자는 사하심을 영원히 얻지 못한다'(막 3:29, 개역한글)고 했어요".

그 여자가 떠나서 나는 잊어버리고 반주를 하고 있는데, 한

참 만에 경찰을 데리고 나타났습니다.

"신분증 좀 보여주십시오!"

경찰이 내게 말했습니다.

그러자 갑자기 주변에 있던 사람들, 대부분 노숙자들인 사람들이 들고 일어났습니다.

"여기, 커티(내 헝가리 이름)를 보증하는 내 신분증, 여기 있어요."

"나도 내 신분증으로 커티를 보증하겠습니다. 오늘 레초수프가 얼마나 맛있었는데!"

여기저기 푸른 신분증을 든 손들이 경찰 앞에 가득 모여들었습니다. 거기에는 78세 독거노인, 이전에 신경과 의사였던 아틸라 할아버지도 있었습니다. 그러자 경찰이 내게 살짝 귀띔합니다.

"괜찮습니다. 저 여자가 고발했으니, 우리는 업무상 진술서를 쓸 것입니다."

그 와중에도 우리 명함을 달라는 사람이 많아서 명함이 없는 우리 부부는 6번이나 직접 쪽지를 써줬습니다.

집으로 돌아오는 길에 홍부 선교사가 말합니다.

"죄가 더한 곳에 은혜가 넘쳤어"(롬 5:20).

나를 보증해주고자 자기 신분증을 내밀던 손들…. 그 손들이 이 밤에 나를 감싸줍니다.

'커티! 당신들의 헌신을 우리가 보증해요. 그 진가를 인정해

줍니다.'

고맙습니다! 여러분의 그 사랑, 진가를 인정해주는 사랑이군요. 나도 여러분의 진가를 인정해주는 사람으로 더욱 성장해가겠습니다.

우리가 다 하나님의 아들을 믿는 것과 아는 일에 하나가 되어 온전한 사람을 이루어 그리스도의 장성한 분량이 충만한 데까지 이르리니 엡 4:13

어려운 때 거리의 교회 사람들이
살아가는 비결

각자의 마음에는 올라가야 할
힘든 계단이 있을지 모르겠습니다.
어려운 때 서로 돌아보아 사랑과 선행을 격려하는
한 분 한 분께 깊이 감사드립니다.

그날도 서부역 거리의 교회에 강대상을 놓고 흥부 선교사가 복음을 외쳤습니다.

볼지어다! 내가 문 밖에 서서 두드리노니 누구든지 내 음성을 듣고 문을 열면 내가 그에게로… 계 3:20

줄 서서 급식을 기다리는 그들은 마음이 콩밭에 가 있기도 하지만, 열심히 귀 기울여 듣기도 합니다.

비록 술 냄새를 풍기고 있지만 빨려 들어갈 듯 말씀을 듣던 이바가 나에게 속삭였습니다.

"커티! 그 문 앞에 계단이 있으면 어떡하지?"

'엉? 계단? 아니, 어떻게 그런 생각을 했지?' 순간 나는 할 말을 잃었습니다. 그러다 문득 이런 생각이 들었습니다.

'아하! 그녀의 마음의 문 앞엔 계단이 있구나! 힘겹게 노숙자
로 살아온 인생 계단이.'

"내게 있는 모든 것으로 구제하고, 또 내 몸을 불사르게 내어
줄지라도 사랑이 없으면…. 사랑하십시오! 나도 여러분을 사랑
합니다. 여러분을 존중합니다. 그 속에 예수의 영이…."

흥부 선교사가 온몸으로 조그만 의자 위에서 간절히 외칩니
다. 이바가 또 중얼거립니다.

"맞아! 난 그 말을 4년 동안 못 들어봤어. 우리 노숙자들에게
도 사랑한다고 해야 돼."

그녀는 아마 노숙자 생활을 한 지가 4년쯤 되었을 것입니다.

말씀이 끝나자 봉사자들이 급식을 시작합니다. 나는 반주를
하고 흥부 선교사가 찬양을 합니다.

"커티! 한 번만 더 그 노래 불러요."

노숙자들이 제일 좋아하는 노래, 〈예수 가장 귀한 이름〉입
니다.

"떼 버지 익케쉬 민데넥 펠렛(당신은 무엇보다 존귀합니다)!"

그 주님 내 속에 계시니, '나도 귀한 존재야!' 하는 행복한 표
정이 그들의 얼굴에 떠오릅니다.

"요즘 건강 어때?"

급식 줄을 선 성도들을 비집고 다니며 일일이 뿌시뿌시 하다

가 한 노숙자에게 내가 물었습니다. 배가 워낙 나와서, 내가 속으로만 '술 많이 마셨지?' 하며 물었는데, 내 표정을 알아챈 듯 그가 씩 웃으며 대답합니다.

"이 배? 카포스타(양배추) 배야."

그 순간 주변의 노숙자들이 모든 근심을 잊고, 공감한다는 듯 와르르 웃어젖힙니다. 내가 만드는 레초수프에는 감자와 함께 양배추가 제일 많이 들어가기 때문입니다.

일주일에 5일을 섬기는 급식 사역은 돈으로 하는 것이 아닙니다. 그건 약속으로, 사랑으로, 성령의 힘으로 하는 것입니다. 경제가 어려울 때일수록 '믿음 선교'(Faith Mission)는 더욱더 하나님의 긍휼과 은혜로 우리를 압도합니다.

한번은 남 캘리포니아에 있는 한 교회가 20피트짜리 컨테이너 가득 선교물품을 보내줬습니다. 그래서 이곳 선교사들과 나누고, 또 헝가리 교회에도 우리 밴으로 날라다주고, 지방에 있는 교회는 트럭으로 실어가게 했습니다. 이번에는 중국인 성도가 물건을 파는 것보다 창고 세를 받는 것이 더 이익이라 빨리 비워야 한다면서 자기 창고 속에 있는 물건을 우리더러 다 가져가라고 했습니다. 너무 많은 물고기가 잡혀서 친구 배들을 불러 나눴습니다.

지방에서 집시 사역을 하는 최 선교사는 153마리 물고기를 세 듯 받은 것을 세어보았다고 합니다. 무게가 1백 킬로그램에 겨울 모자가 2천4백 개였답니다. 헝가리인들은 겨울에 모자가 필수입니다. 다른 선교사들도 차에 어른용, 어린이용 겨울 코트에 장갑까지 모두 실어갔습니다.

우리 성도들도 선물을 한가득 담을 가방이나 봉지가 더 필요해졌습니다.

"커티! 비닐봉지 더 없어?"

나는 할 수 없이 일회용 그릇, 스푼, 컵 등을 담는 데 썼던 두터운 백화점 비닐백을 비운 뒤 건네줬습니다.

그랬더니 다들 "야호!" 환호를 지르면서 가방을 받은 친구에게 축하를 해줍니다. 알고 보니, 노숙자들 사이에서는 그런 가방을 '노숙자 컨테이너'라고 부른답니다. 이런 유머는 블랙 코미디 같지만, 바울의 고백처럼 일체의 비결을 배운 궁핍에 대한 너그러움입니다.

내가 비천에 처할 줄도 알고 풍부에 처할 줄도 알아 모든 일 곧 배부름과 배고픔과 풍부와 궁핍에도 일체의 비결을 배웠노라

빌 4:12

앞에서 이바가 했던 말처럼, 각자 마음에 올라가야 할 힘든 계단이 있을지도 모릅니다. 우리도 한 걸음 한 걸음 기도로 나아

가겠습니다. 헌신과 열정, 정직과 충성으로….

어려울 때 서로 돌아보아 사랑과 선행을 격려하는 한 분 한 분께 깊이 감사드립니다.

보라 내가 새 일을 행하리니… 반드시 내가 광야에 길을 사막
에 강을 내리니 사 43:19

서부역 급식 사역, 이바(왼쪽)와 '양배추 배'를 가진 형제(오른쪽).

놀라운
주님의 은혜

길거리 한 모퉁이에서의 진실이 얼굴과 언어, 종교가 다른
타 문화권 사람들에게 미소와 감동을 자아내,
서로를 이해하며 사랑하는 계기가 되길 바랄 뿐입니다.
천국 가면 하나님께서 알아주시는 것, 그거면 됐죠?

크게 외치라 목소리를 아끼지 말라 네 목소리를 나팔같이 높여
내 백성에게 허물을, 야곱 집에 그들의 그 죄를 알리라 사 58:1

엄숙하고 전통적인 자리인 헝가리 개혁교회 장로회 총회. 전
국에서 모여든 족히 3백 명이 넘는 목사와 장로들 앞에서 한 무
명의 한국인 선교사가 크게 외쳤습니다.

"일어나소서. 헝가리여(이브레디 펠 머자르오르사그)! 예수님이 말
씀하셨습니다. '나의 양식은 나를 보내신 이의 뜻을 행하며, 그의
일을 온전히 이루는 이것이니라'(요 4:34). 저희가 부르는 헝가리
국가는 기도입니다. 헝가리는 여러분의 것이 아닙니다. 주님의
것입니다!"

그렇게 흥부 선교사가 말씀과 함께 우리 사역에 대해 나눌 수
있도록 하신 분은 총회장인 서버 다니엘 목사입니다. 그분은 우

리가 동부역에서 말씀을 전하며 급식하고 있을 때 우연히 지나다가 보시고 축복 기도를 해주셨습니다. 그리고 그 다음 날에 열리는 헝가리 목회자 조찬기도회에 우리를 초대해서 우리 사역을 소개하도록 하셨고, 또 이번 총회에도 우리를 초대해주셨습니다.

7분가량 하나님의 말씀을 외치며 우리가 섬기는 거리 사역에 대해 나눴는데, 그 후 휴식시간이 되자 많은 분이 오셔서 감사와 격려를 해주셨습니다. 한 장로는 미스콜츠 지방총회에 와서 말씀과 사역을 좀 더 전해달라고 부탁하기도 했습니다.

"우리 개혁교회는 목사와 장로들이 너무 지쳐 있어요. 그 뜨거운 열정의 헌신을 좀 나눠주세요."

그래서 우리는 거리의 교회와 소금과빛 개혁교회를 졸탄 전도사에게 맡기고 그곳에 갔습니다. 우리를 초대한 장로는 포도르 베르치 닥터로, 그 댁에서 식사하며 간증도 나누고 그분과 가까워졌습니다. 그 후 집회장소로 갔는데, 목사와 장로들이 120여 명 모여 있었습니다. 홍부 선교사가 말씀을 전하면서 사역을 소개할 차례가 되었습니다. 다른 말이나 설교 대신 말씀으로 우리의 사역을 전했습니다.

"하나님은 '세상의 약한 것들을 택하사 강한 것들을 부끄럽게 하려 하시며…이는 아무 육체도 하나님 앞에서 자랑하지 못하게 하려 하심이라'(고전 1:27-29) 하셨습니다. 또 '오래 황폐된 곳들(유럽)을 다시 세울 것이며…너를 일컬어 무너진 데를 보수하는 자라 할 것이며 길을 수축하여 거할 곳이 되게 하는 자라 하리라'(사 58:12) 하셨습니다."

나중에 포도르의 아내 이바가 말했습니다.

"말씀을 들을 때 마음이 불같이 뜨거워졌어요. 고마워요!"

그리고 초콜릿 선물과 함께 거리 사역에 써달라며 선교헌금 2만 포린트를 기어이 쥐어주었습니다.

그렇게 좋은 시간을 보내고 집에 늦게 도착해서 저녁밥을 먹고 나니, 마침 앨리스의 소개로 이탈리아에서 오신 중국인 팽 목사 일행이 우리를 찾아왔습니다. 우리는 또 함께 유럽 선교를 위해 간절히 기도했습니다. 그 후 홍부 선교사가 말했습니다.

"부다페스트에서 한 기도가 로마까지 흘러갑니다."

그들도 모두 웃으며 성령이 충만해져 돌아갔습니다.

한번은 화요일 실칼만 광장에서 한 청년이 다가와서 영어로 말을 건넸습니다. 우리는 그도 노숙자인 줄 알고 환영했습니다. 모습은 젊었지만 행색이 초라한 데다 영어로 말해서 루마니아에서 온 집시인가 했습니다. 나중에야 그가 브뤼셀-벨지움 영화학교(cinema school)를 다니는 모하메드라는 모로코인으로 부다페스트 필름 아카데미에 한 달간 다니러 왔다는 것을 알았습니다. 그리고 아프리카에서 저널리스트로 일한 경험도 있다고 했습니다.

"목사님을 찍고 싶은데 허락해주십시오! 지난주 화요일에도 관찰했습니다. 다른 뭐가 있어서…."

모하메드는 이슬람교도일 텐데 나는 옆에서 들으면서 좀 무서운 생각이 들었습니다.

"우리 거리의 교회 성도들이 범죄 경력들이 있어서 자기의 얼굴이 찍히는 걸 싫어합니다."

흥부 선교사가 정중히 거절을 했는데, 그가 다시 이렇게 설명했습니다.

"아니, 그들 말고 목사님의 초상화(portrait)를 '15분짜리 다큐멘터리'로 만들고 싶다는 얘기입니다."

그 후 그로부터 이런 이메일이 왔습니다.

"급식 장면을 많이 보아왔지만, 영의 양식(Spiritual Food)을 먹이는 것은 처음 봤습니다. 목사가 노숙자들을 만나러 일일이 가서 대화하고 포옹해주는 모습이 아름다웠습니다. 한국인 선교사가 헝가리어로 외치는 타문화 이미지(Intercultural Image)를 찍고 싶습니다. 부다페스트 필름 아카데미가 당신에게 공식적인 편지를 보낼 것입니다."

우리는 필름보다 사람이 우선이다 싶어 우리 집에 모하메드를 초대해 한국 음식을 접대하기로 했습니다. 그랬더니 모하메드가 친구 지에드와 더니를 데리고 왔습니다. 지에드는 튀니지인이고, 더니는 유대계 헝가리인입니다. 우리는 모두 깜짝 놀라면서 감탄했습니다. 한 식탁에 기독교, 이슬람교, 유대교가 다 모인 것입니다.

그들은 홍부 선교사가 연극영화학과 출신으로 학부 때는 연기를, 대학원에서는 연출을 전공했다니까 무척 반가워했습니다.

몇 차례의 촬영 후 〈모스크바 역(실칼만 광장)〉이라는 제목의 21분짜리 다큐멘터리 작품이 만들어졌습니다. 헝가리 '영화필름예술대학' 홈페이지에도 〈INSAS Exchange〉란 제목으로 실렸습니다.

또 한번은 서부역 뒤편 후미진 곳에서 홍부 선교사가 노숙자들뿐만 아니라 지나가는 행인들에게 말씀을 외치며 찬양을 할 때였습니다. 나는 반주를 하며 돕고 있는데, 한 젊은 여자가 사진기를 들고 왔습니다. 자신은 프리랜서 사진작가 이바이며, 지하철 안으로 날아온 비둘기를 찍으러 왔다가 우리의 모습을 보고 작가적 안목으로 영감을 받게 되었다며 사진을 찍고 싶다고 했습니다.

사진 찍기를 허락했더니 이바는 자신의 남편 토스 졸탄과 함께 교회에 나왔고 나중에 세례까지 받았습니다. 후에 토스 졸탄은 우리 선교센터 땅에 아담한 예배당을 지을 때, 정부의 각종 허가증 받는 것을 도와주었고, 재능기부자 달리를 찾아내 예배당

설계도를 받아오기도 했습니다.

몇 달 후, 이바가 헝가리 이민국 주체로 부다페스트 내 외국인에 관한 사진 공모전에 출품한 흥부 선교사 사진 다섯 작품이 일등을 했다고 알려왔습니다. 이민국에서 당선된 작품들을 밀레니엄 전시관에 전시했을 때, 우리는 돈을 주고 표를 사서 들어가 관람했습니다.

그 후에는 헝가리 국영방송의 하나인 두나 티비(Duna TV)에서 우리에 관한 다큐멘터리를 방영했습니다(2010. 9. 3). 〈인생의 답(Felelet az Eletnek)〉이라는 30분짜리 시리즈 다큐 프로그램으로 제목은 흥부 선교사의 헝가리 이름인 '김 팔(Kim Pal)'이었습니다.

흥부 선교사가 말합니다.

"인생의 답은 바로 예수 그리스도지! 그 다큐멘터리에 복음이 들어가서 감사해!"

이 필름을 만든 피디는 우리를 오랫동안 보아왔다고 합니다. 그가 몇 번이나 인터뷰를 신청했는데, 흥부 선교사가 거절하고 미루다가 끝내는 받아들인 것입니다. 이 다큐가 인생의 답을 찾기 위해 갈급한 사람들에게 오직 예수 그리스도만 전해지길 바랄 뿐입니다.

재미있는 사실은 그 촬영 팀도 얼른 보기에는 우리 노숙자 형제자매들 같은 행색이었다는 것입니다. 우리 부부는 그들도 노

숙자인 줄 알고 반갑게 뿌시뿌시를 해줬고, 하마터면 그들에게
배식까지 할 뻔했습니다. 예수님도 그렇게 오실 것 같습니다.

홍부 선교사가 말합니다.

"예수님이 다시 오시면 국회에서 연설을 하시겠어요? 이전처
럼 낮은 자리로 오실 것입니다."

우리 부부는 이 촬영팀에게 물 한 잔도 대접하지 못했습니
다. 그들은 커피도 일절 사양했습니다.

1분짜리 광고를 내려고 해도 비용이 어마어마할 텐데, 하나
님은 왜 우리에게 이렇게 해주시는 걸까요? 우리 부부는 바로 예
수 그리스도의 증인이고, 한국 교회와 성도들의 증인이기도 하
기 때문입니다. 그럼 우리를 위해서는 누가 증인이 되어주겠습
니까? 우리의 두 아들이 이 다큐멘터리를 보고 울었다고 합니다.
자녀가, 가족이, 또 낯선 미디어들이 우리의 한순간, 우리의 한마
디, 우리의 매일을 검증해줍니다.

하나님을 경외합니다(Fear the Lord)! 겸허해지고, 숙연해집니
다. 감사한 것은, 이런 작업이 '한국인 선교사'를 바라보는 외국
인들에 의해 이뤄졌다는 것입니다. 길거리 한 모퉁이에서의 진실
이 얼굴과 언어, 종교가 다른 타 문화권 사람들에게 미소와 감동
을 자아내 서로를 이해하며 사랑하는 계기가 되길 바랄 뿐입니

다. 천국 가면 하나님이 알아주시는 것, 그거면 됐습니다.

동계올림픽에서 우리 선수들이 금메달을 따고 벅찬 눈물을
흘릴 때, 내가 남편에게 말했습니다.
"여보! 당신도 금메달이야!"
"장난 좀 치지 마"라고 말하는 홍부 선교사에게 내가 은근슬
쩍 물어봅니다.
"여보, 나는?"
"당신이야 물론, 다이아몬드 메달이지."
우리 모두 비전, 사명, 푯대로 달려가는 사람입니다. 저기 면
류관을 향해!

사진작가 이바가 찍은, 한국인 선교사 김흥근.